TAILLE MANNEQUIN

Suivez le Guide...

Edition Les Bons Amis

A celles et ceux qui souhaitent devenir mannequin comme à celles et ceux qui voudraient en avoir l'apparence, je dédie ce livre ...

J'ai reçu tant de courrier auquel je voudrais apporter une réponse, soit à travers mon expérience personnelle, soit en allant questionner, pour vous et pour moi, les spécialistes capables d'éclairer notre lanterne.

Suivez-moi ...

Vanessa.

N.B. Les réponses que nous apportons dans ce livre ne sont certes pas transposables à toutes les situations. Je souhaite les exposer à titre de témoignage personnel. Le lecteur ne devra surtout pas les prendre pour des "recettes" universelles et saura les relativiser au regard de sa propre expérience.

Crédit photo : Carole Morgan

Vanessa Demouy

Profession(s) : *Mannequin, Comédienne, Chanteuse*

Age : *21 ans*

Taille : *1,70 m*

Poids : *46 kg*

Poitrine : *90*

Tour de Taille : *58*

Hanches : *88*

Crédit photo : Jean-Caude Cuny

Vrai de vrai

A vrai dire, le décor change sans cesse : l'on déplace, dans son dos, les éléments de plateaux et les paysages, de ... Paris à Tokyo puis à Paris, en passant par Houston, Madrid, les îles lointaines ... et Ramatuelle.

Silence on tourne ! Ou pas de silence ! Moteur ! Appareils photo, caméras, zoom et flashes / Ta ceinture ma Chérie ! / Smile / Encore / Avance vers moi ! / Stop ! / Sensuelle ... / Provocante ! / Trois-quarts face, là ... Merci / Rentre dans l'eau, mais non, tu vas sentir ... elle n'est pas froide ... / Oui, oui, parfait : menues contraintes et "bateaux plaisirs" d'une espérance qui se lève, plus radieuse, chaque matin.

Dans un indescriptible brouhaha, le décor change effectivement mais pas Vanessa qui se doute pourtant — sacrés médias ! ... — que bon nombre de femmes de son âge voudraient avoir sa chance tandis que d'autres, jeunes et moins jeunes, souhaiteraient lui voler le secret de sa ligne, en toute admiration, bien sûr.

Alors, caressant les cheveux de sa fidèle poupée Barbie, la voici qui s'imagine sous les traits d'une Anna Karénine qu'elle interprétera forcément un jour, à l'écran ...

La littérature russe la fascine :

" — *Vous devez être partout la plus belle.*

— *Ce n'est pas toujours vrai, dit Anna, en souriant (...)*

*(...) "Comme je voudrais connaître sa vie intime" se dit Kitty..."**

*Tolstoï : Anna Karénine

Sa vie intime, la sienne : objet de convoitise, sous les feux d'une popularité qui lui sourit, Vanessa Demouy ne donnera pas ses rêves les plus chers en pâture mais elle tient, en revanche, à partager avec nous tous, l'essentiel d'un petit bonheur qu'il convient, à chaque instant, de reconquérir et de mériter : santé, diététique, art de vivre, goûts et couleurs. Quatre à quatre, décidés, dans l'escalier de l'existence : **Suivez le guide**, un guide auquel la réussite ne semble point monter à la tête et qui ne prétend certes pas vous prodiguer des conseils et des recettes, de la hauteur de ses vingt et un ans.

Elle pose toute seule, apparemment confiante, à la une des magazines mais elle se pose avec vous, comme vous, beaucoup de questions.

Entrez !

« (...)

Soudain le fou rire le prend
Et il efface tout
Les chiffres et les mots
Les dates et les noms
Les phrases et les pièges
Et malgré les menaces du maître
Sous les huées des enfants prodiges
Avec des craies de toutes les couleurs
Sur le tableau noir du malheur
Il dessine le visage du bonheur. »

Jacques Prévert
(Le Cancre dans "Paroles")

Crédit photo : Pierre Reinhart

En naissant le 5 avril 1973 à Montreuil, je n'imaginais pas que mon berceau me réserverait de pareilles surprises. Du reste, ma copine Karima n'arrête pas de me dire que mon histoire, cousue de fils d'or, ressemble à celle de Cendrillon ... Mais, question citrouille, je ne m'en fais pas la grosse tête.

Monsieur Faure, mon instituteur durant tout le cycle primaire, à Noisy-le-Sec, a sans doute vu juste en notant sur mon carnet de correspondance : "Bavarde mais bonne comédienne".

La scène, pour moi, c'est d'abord la danse. Inscrite au Conservatoire dès l'âge de cinq ans, je joue les petits rats côté jardin tandis que mes plus belles récréations se déroulent, côté cour, dans l'agence de mannequins que mes parents ont créée.

L'antichambre du succès : j'y croise, mirées d'en bas, toutes ces grandes filles qui débarquent du monde entier afin de prendre la pose et de réserver leur place, avec opiniâtreté, page à page, en première de couverture.

Un photographe, conquis par ma frimousse ravie, me consacre une séance de prises de vues destinées à des catalogues de mode pour enfants. Ma mère "regimbe". Elle ne souhaite pas que j'entreprenne, tôt ou tard, une carrière de mannequin : va pour la danse et surtout, va pour les études. "J'aime pas" l'école. Après neuf années de barre et d'entrechats, je tente vainement le concours de l'Opéra.

Point final.

Crédit photo : DR

10 années de danse
m'ont appris souplesse et rigueur,
qualités utiles dans mon métier

Suivez-moi...

Bisous mes fans...

Ecrivez moi :

Agence Beauties

22 Rue Caumartin - 75009 Paris

Crédit photo : Olivier Grimonet

7 ans à peine et me voilà déjà devant l'objectif

La danse m'aura définitivement légué le sens artistique et la souplesse, indissociable de la jeunesse du corps et de sa beauté. Nous y reviendrons.

La suite ressemble à la vie du cancre de Prévert, entre les cours distraits du lycée, la joie des mercredis à l'agence et l'école buissonnière. Sur le chemin qui mène à des castings auxquels je participe en cachette, j'éprouve le sentiment d'avoir raison. Je jubile et le soir, pour m'endormir, je compte les petits moutons du bonheur.

Le proviseur téléphone à la maison. Colère. Mais la route est tracée. Les photographes me réclament et leur cohorte enthousiaste me conduit jusqu'à Tokyo. J'ai quinze ans. Toutes mes illusions et la poupée Barbie de mon enfance dans les bagages. Trois mois au soleil levant. Puisqu'ici rien n'est scolaire j'apprends l'anglais, c'est-à-dire que je finis par le parler couramment.

Bébé mannequin.

Karima se souvient encore de mon retour. Et tous les copains du 93. Aussi l'instituteur. Je ne joue plus à cache-cache avec l'existence. Me voici, dans Paris, "libérée", radieuse en plein jour.

Katy, ma mère, ne sait pas dissimuler qu'elle trépigne, pour moi, d'impatience. Keep cool. Calme.

Calme mais déterminée comme le Bélier que je suis, dont le signe astral a croisé, par chance, les innombrables satellites de la communication. D'autant qu'il paraît que je suis douée devant un objectif. La télé, loin de m'enlever au papier glacé de mes débuts, multiplie mes passages, à l'envi, dans toute la presse. Je deviens sans le vouloir une espèce de phénomène de société. Bonjour les responsabilités. Bonjour les fans et vive la vie.

Du bébé-mannequin jusqu'à l'apprentie comédienne, je me suis pétrie dans la pâte "à modeler les modèles". A l'extérieur, par les apparences. A l'intérieur aussi.

Un pote de la famille, qui n'a pas eu l'occasion de faire aussi fréquemment que moi l'école buissonnière, cite cette phrase de

Goethe : *"Le dedans c'est le dehors"*. J'avoue que je suis assez d'accord. Tout ce que l'on rencontre influence notre comportement, notre façon de penser, notre manière d'aimer. Même notre ligne, cette fameuse "taille mannequin" : si tu te "bouffes" à l'intérieur à cause de ce qui t'entoure !... L'on ne se refait pas.

Moi, j'ai gardé — malgré tout — le contact avec les réalités. Je continue de me révolter avec ceux de ma génération contre l'injustice et la misère. Les coulisses et les plateaux de mes exploits ne parviennent jamais à dissiper Sarajevo, le Sida, les exclus ...

"Je suis comme je suis, je suis faite comme ça".

Pourtant, ne vous privez pas d'applaudir lorsque je défile pour Jean-Paul Gaultier parce que je me sens infiniment heureuse en ayant, quelque part, l'impression d'avoir mérité ce moment-là.

Le week-end, pour me défouler, j'en fais voir de toutes les couleurs à mes toiles. Au début, j'imitais Gérard, mon père, qui peint, comme il court, avec frénésie mais non sans application.

Avec mes pinceaux ...

La détente, voilà l'unique secret de la forme : loisirs et sports confondus. Avec mes pinceaux, je barbouille. Quelquefois, j'arrive à me laisser surprendre par l'harmonie de mes éclaboussures.

Pour l'instant, je ne songe pas du tout à créer ma propre maison de couture à l'instar de Jacqueline Perrière, premier mannequin de Jacques Fath dans les années 50 ou, plus récemment, Inès de la Fressange, longtemps modèle de Chanel. Quoi qu'il en soit, je tiendrai mes fans — et les autres — au courant de mes intentions. Ne croyez pas d'emblée tout ce que vous lirez à mon sujet. Car, même si je suis désormais une femme publique, je cultive un petit carré de mes secrets. Comme des fleurs. Mon équilibre repose — le mot est juste — sur ce compromis entre le tumulte hyper médiatisé de la ville et la tranquillité d'une maison de campagne dont je ne donne pas systématiquement l'adresse. Trouvez-moi.

C'est parfois dur la vie de star.

Il faut s'accrocher aux branches de sa bonne étoile en s'imposant des règles. Je suppose que les mannequins que j'aime, à commencer par Elle Mac Pherson et Cindy Crawford, ne se comportent pas d'une manière différente. Elles se fixent des objectifs et préservent leur environnement. S'agit-il ici d'une "recette" pour combattre le mauvais "stress" ? A vous de conclure.

Car la taille mannequin, c'est aussi "dans la tête". Le corps prend souvent "la forme de nos capitulations". Les modèles — qui ont aujourd'hui de la cervelle puisqu'on leur permet d'en avoir — savent bien que leur univers se révèle fragile. A chaque jour suffit sa peine. A chaque matin, son miroir et sa beauté.

Quand il s'agit de "mettre en boîte" une série télévisée, cela signifie pour moi :

• Lever à 6 h 30 : petit-déjeuner, douche, mise en condition psychologique en fredonnant une chanson de Cabrel, de Vanessa Paradis ou de Bryan Adams, selon l'humeur.

• 8 h : les studios de Bry-sur-Marne : pas le temps de voir le temps avec, en coulisses, les séances de maquillage, de coiffure puis,

• à 9 h 30 : le tournage jusqu'au moment du repas. Enfin, la reprise jusqu'au soir où je devrai jeter un coup d'œil sur les dialogues du lendemain.

Lorsque je décroche mon téléphone pour papoter avec mes amis, la pendule marque 21 h et des minutes. Quand on s'active, on ne compte guère. Ouf !

Je ne me plains pas car je pourrais traîner, durant les heures ouvrables, mes 46 kilos à l'ANPE des Artistes et rehausser d'une pointe de pied, malheureusement inefficace, mon mètre soixante-dix afin de déchiffrer les petites annonces. Je suis heureuse. Car, en fait, je vais vous faire un aveu. Vrai de vrai. Je n'ai pas la taille mannequin. Si l'on s'en tient strictement aux critères "déposés" dans toutes les agences, il me manque en réalité cinq centimètres par rapport au minimum requis. Bon, pour les proportions, j'assure. Mais, aux dires de ceux qui souhaitent me voir défendre leurs couleurs et leur griffe comme aux dires des professionnels de l'image, je suis avant tout : photogénique ... et j'apprends à jouer de cet avantage.

Suivez le guide, vous allez comprendre un petit mannequin lucide et "pas trop bête" qui ne souhaite pas forcément se voir invité à "7 sur 7" par Anne Sinclair, en compagnie d'un ministre, telle Naomie Campbell aux côté de Nicolas Sarkozy ... mais qui s'y rendrait s'il le fallait. Croix de bois. Croix de fer.

La photogénie, c'est la pertinence, l'impertinence, le "toupet" de l'image : la "gueule" qui a du caractère.

Par nature, moi je suis une timide mais mon visage affirme le contraire. Alors, je m'en sers...

... Pourtant, je ne triche pas. Le meilleur moyen de "se planter" consiste justement à ne pas être "nature". Ce que je dis là, je me le redirais sûrement si je débutais aujourd'hui : quelques photos, pas de maquillage et le minimum de confiance possible, en soi-même d'abord, en son agent — un autre ou ma mère — ensuite.

Vous ne connaîtrez pas le dénouement puisque l'Histoire n'a pas de logique immuable. Chaque casting vous entraîne dans une aventure originale dont l'agent forme le pivot, le trait d'union nécessaire entre l'une de vos facettes et ce qu'elle saura le mieux représenter. Vous serez le miroir à plusieurs faces dans lequel des couturiers, des parfumeurs, des avions, des villes, des bouts du monde se refléteront, rayonneront afin que des milliers de gens les y reconnaissent et s'y retrouvent.

Ma mère était mannequin. C'est curieux mais l'un des écrivains que je préfère, Mary Higgins Clark, a choisi de mettre en exergue l'un de ses meilleurs bouquins, "La nuit du renard", cette phrase de Shakespeare : *"Ta mère en ce miroir que tu lui es, rappelle le gracieux avril de son bel âge"*.

Ma mère s'en souvient, en effet, de sa carrière, à l'époque du "Sois belle et tais-toi" qui condamnait les mannequins à répondre en silence aux canons impassibles de la beauté.

Perchée sur mes talons, calée dans mes baskets ou carrément installée dans mes boots, je revendique le charme du mannequin, c'est-à-dire son intelligence, son expression, ce qu'il recèle de plus "pétillant", ce qui le fait partir à la rencontre de l'actrice et de l'acteur et finalement leur ressembler. Un mannequin se met en scène sur la couverture d'un magazine ; il interprète une mode ; il participe, de toute sa présence et de tous ses gestes, aux défilés qui s'apparentent, avec bonheur, à des représentations théâtrales ou cinématographiques. Nous aussi, nous pouvons soit "convaincre", soit être "à chier", pour reprendre un jargon cher au théâtre.

Vive mon métier ! ...

... Je le fais à cent à l'heure, consciente d'épouser des instants exceptionnels, magiques. Cela m'impose, évidemment, certaines règles de conduite :

L'on me sait gourmande, mais je dîne légèrement. Néanmoins, j'adore faire la cuisine, surtout des pâtisseries auxquelles je ne goûte pas mais dont mes amis raffolent. Quand le surmenage me serre la gorge autant que la taille, je ne connais qu'un médicament : huit heures d'un sommeil réparateur. J'en suis — hélas — un peu privée ces temps derniers. Je me rattraperai dans un autre épisode.

Récapitulons. J'écris mon livre — tout le monde le fait —. Professionnellement, j'éprouve l'impression d'avoir réussi ... peut-être. Je me garderai cependant de crier victoire ou de croiser les bras sur une poitrine satisfaite en vous assénant des conseils, en vous prescrivant des potions miracles et des remèdes de bonne femme.

Holà ! Faudrait "voir à ne pas voir".

J'ai vingt et un ans. Je sors de l'oeuf ou presque. Je peux vous parler de mes projets, de mon envie de tourner un rôle cruel dans un grand film, de mes regrets de n'avoir pas étudié lorsque j'en avais l'occasion... Je peux vous surprendre en espérant me plonger, dès que le loisir m'en sera donné, dans le torrent de la littérature russe pour y pêcher un

Crédit photo : Johann Chevalier

Ma petite chienne Eureka qui a 5 ans

personnage et rentrer sans sa peau. Je sais que j'aime ma famille, mes amis, mon métier, la danse, le cinéma. C'est ce que je répète, en "radotant", sincère, tout au long de mes interviews. J'ajoute en général que ma chienne s'appelle Eurêka, Ka comme caniche.

Pour le reste, j'ai les jetons devant les choses "glauques" de la vie. Je ne "crèche" pas sur une autre planète.

J'ai vingt et un ans, aujourd'hui, dans ce pays, sur cette terre ... Et si l'on me pose sans cesse des questions, moi j'ai choisi, dans ce livre, "mon" livre, d'en poser aux autres.

C'est mon droit, non ? ... Puisque c'est mon livre.

Même pour ce qui est "cool". Franchement, je trouverais "bidon" de vous faire croire, comme tant d'autres, que le fait d'être un peu célèbre m'autorise à subitement émettre un avis compétent sur tout : la diététique, la cuisine, les maladies qui nous font peur, la santé, le sport, la photographie, l'esthétique ...

Même des domaines que je connais mieux, j'en parlerai, sans doute, en appelant les autres à la rescousse.

Maman, ne t'inquiète pas, tu auras ta place ...

Ah, j'oubliais. J'ai pris goût à la chanson. Le galop d'essai que nous avons entrepris sur un podium avec mes comparses de la télévision, devant 4 000 puis 7 000 spectateurs, en interprétant l'un de nos tubes, m'a littéralement fait "craquer", presqu'autant que ma participation, récente et pour longtemps, au défilé de Jean-Paul Gaultier dont je regardais, gamine, les créations que j'aurais voulu porter si j'en avais eu les moyens.

Karima de s'esclaffer : encore le coup de Cendrillon... Mais, cette fois, je crois que j'ai vraiment la tête comme une citrouille : la grosse tête, pleine de merveilleux accords, annonçant un second "C.D.".

Défilé Jean Paul Gaultier

Crédit photo : DR

Une autre ! Une autre !

Cultivons notre «look»

Crédit photo : DR

mina
L'ALBANIE
EN VUE
UNE FEMME EXPLOSIVE
EN VOGUE
LES MAILLOTS
MODELS magazine
N°2 AOUT 1988
ROMANTISME :
FESTIVAL DE CABOURG
ARIELLE DOMBASLE
GARDEZ
VOS AMOURS DE VACANCES
ST-TROPEZ
CONCOURS MANNEQUINS
MAILLOTS GLAMOUR
MAQUILLAGES D'ETE
LOLITAS 88
LA LIGNE, MAIS SOUS QUEL RÉGIME?
LE COMBI
LE PATIENT ET SON PSY
ELLE et rebelle
SEX APPEAL
PRENDRE SON PIED SANS SE PRENDRE LA TETE
a mode de Vanes
JJ
JEUNE & JOLIE
Spécial cadeaux
200 idées
LES HOMMES INTERDITS
PENSE
CASTING
Votre 1ère séance photo
On recrute
FIGURANTS
Casting
oys, boys...
our les craquer!
LE MENSUEL DE TOUS LES CASTING
BOOKING FREE LANCE
200 CASTINGS
Interview de VANESSA DEMOUY
VANESSA
Crédit photo

Crédit photo : Bruno Fabbris

Entrez dans l'agence

Vous rêvez d'être mannequin
Vous pensez avoir

« la taille mannequin ! »

suivez le guide

Crédit photo : Johann Chevalier

« Faire naître l'illusion : voilà l'indispensable. Ça faisait partie de son plan »

Francis Scott Fitzgerald

Si vous rêvez de pouvoir devenir un jour mannequin, commencez par vous méfier des faux intermédiaires qui hantent les boîtes de nuit en espérant tomber sur une proie facile à laquelle ils promettront la réussite moyennant une substantielle commission. Baptisés Talent Scouts — littéralement : découvreurs de talents — ces tristes individus ne vous apporteront qu'amertume et déconvenues. Fuyez-les comme la peste et contactez plutôt, directement, l'une des agences sérieuses dont le Syndicat interprofessionnel* vous donnera volontiers la liste.

Crédit photo : DR

L'agence, c'est très important. Dès que vous aurez choisi "la vôtre", passez la porte et présentez-vous **le plus naturellement du monde**.

N'apparaissez pas déguisée, maquillée, camouflée, transformée

*Syndicat des Agences de mannequins. 10, rue d'Aubigny 75017 Paris

Entrez dans l'agence ...

Avec mes parents..
L'agence Beauties.

parce qu'un vrai professionnel ne sera pas dupe. Il sait toujours déceler la vraie beauté.

Cependant l'agence aide une débutante à trouver un style, à se mettre en valeur.

Elle conseillera probablement à l'une d'entre vous de modifier sa coiffure, la ligne de ses sourcils ou son look vestimentaire. Le métier de mannequin reste avant tout un métier "d'apparences".

L'on vous incitera de la même façon, dans votre intérêt , à perdre ou gagner quelques kilos sur la balance, à changer d'hygiène de vie. L'on vous adressera chez une esthéticienne. L'on vous fera la guerre pour ne plus vous voir à chaque instant vous ronger les ongles.

L'agence vous rendra plus belle à vous-même et vous la remercierez un jour, comme je remercie ma mère de l'avoir fait.

Il ne suffit plus, de nos jours, d'être mignonne pour réussir car la concurrence montre les dents. Il importe surtout d'être **photogénique**, de "crever" la page ou l'écran.

Certes, les mensurations idéales s'établissent à peu près de la manière suivante :

85 à 90 cm pour la poitrine
58 à 63 cm pour la taille
90 à 93 cm pour les hanches
1,70 à 1,80 m pour la hauteur
(je ne mesure qu'un petit mètre 70, mais j'ai des atouts...).

Quant aux critères des garçons, je vous les livre sans commentaires :

1,83 à 1,85 m de hauteur
100 à 103 de tour de poitrine
80 à 82 cm de tour de taille
98 à 100 cm de hanches.

Les filles qui débutent ont entre 16 et 20 ans, les garçons entre 20 et 25.

Au-delà des chiffres, ce sont aussi la chance, le charisme et la personnalité d'un mannequin, si bien soit-il, qui déterminent sa carrière. Cette carrière devra se construire et s'armer de patience. Un minimum d'un an et demi, voire deux ans, s'avère nécessaire. Il ne faut pas se décourager. Il faut affronter les bookers et les castings en s'appuyant sur son caractère.

Au départ, comment attirer l'attention ? Je répondrai simplement. Il suffira,

• Si vous habitez la province :

d'adresser deux photographies d'amateur, de préférence en couleurs, à l'agence avec, au verso, votre numéro de téléphone, votre adresse et vos mensurations.

• Si vous résidez à Paris :

de prendre rendez-vous à l'agence et de vous y présenter, muni(e) de vos deux photographies.

N'investissez surtout pas dans des photographies très coûteuses car, si vous intéressez l'agence, celle-ci vous contactera puis vous avancera les frais de constitution de votre "book". Cette démarche débute par des tests dont le montant oscille entre 400 et 1 000 F, à la charge de l'agent. L'on choisira de ces divers essais trois ou quatre photographies afin de préparer un composite, en quelque sorte, votre carte de visite, celle que vous laisserez chez les clients ou chez les rédactrices des différents magazines. Seules les agences professionnelles détiennent une licence. Vous ne devez vous référer qu'à ce type d'interlocuteurs. Les autres ne sauraient être crédibles. Alors, n'y perdez pas votre temps.

De toutes façons, si ce métier vous attire, si vous vous trouvez jolie, si les autres vous disent que vous êtes jolie, acceptez l'épreuve du feu. N'oubliez pas : une agence peut effectivement se tromper, passer à côté d'une star... Mais sept ou huit, cela me paraît peu probable.

Car, à l'époque de la crise, ceux qui choisissent, à longueur d'années, les silhouettes et les visages de la séduction feront vendre demain les produits de consommation sur tous les continents. Ils ont le souci de ne pas se fourvoyer au regard du marketing. Si vous réussissez dans le mannequinat — le mot n'est pas "terrible" — vous vous trouverez investi(e) de cette responsabilité-là. Je ne plaisante pas même si c'est un métier que l'on peut accomplir en s'amusant. L'un n'empêche pas l'autre.

C'est aussi, dans les détails, la profession la plus exigeante qui soit. La rigueur et l'exactitude ponctuent en effet le parcours d'un aspirant-mannequin qui doit : supporter de pénibles séances de prises de vues ; se présenter à l'heure aux rendez-vous ; ne pas s'éparpiller ou papillonner entre "trente-six" agences.

En revanche, le métier nous rend parfois au centuple notre obstination, notre travail et nos sacrifices.

Par ce dernier mot, j'entends surtout les efforts qu'il faut multiplier, dans les moments de "déprime", pour ne pas se jeter voracement sur les friandises. Le capital d'un mannequin c'est le "paraître", c'est-à-dire son physique. Il ne faut jamais l'oublier car grossir avec excès risquerait de ruiner, en très peu de semaines, une carrière. A l'inverse, le métier ne prescrit pas l'amaigrissement jusqu'à ses limites pathologiques.

Au contraire : mes parents ont, du reste, un jour demandé spontanément à une de leurs débutantes de prendre quelques kilos afin d'épanouir son charme et sa beauté. Le résultat fut surprenant et la réussite acquise.

Le rôle affectif et psychologique de l'agent se révèle essentiel. Une débutante qui tente sa chance à Paris se retrouve souvent solitaire, loin de sa famille. Les filles sont jeunes — j'en sais quelque chose —, vulnérables. Elles ont besoin d'être "entourées". L'équilibre physique repose tout entier sur cette confiance, sur cette sérénité, sur cette amitié, sur cette affection.

Ce qu'en pense ma mère, Directrice de l'Agence Beauties ?

Ecoutez-la :

Moi je suis un peu mère poule et j'engagerais les moins âgées à se présenter accompagnées de leurs parents. Les jolies adolescentes de 14 à 15 ans ont encore le temps. Qu'elles continuent leurs études et remettent leurs démarches à plus tard.

Pour les autres, seul compte le naturel. En France, les écoles de mannequins ***n'existent pas****, tandis qu'elles prospèrent aux Etats-Unis. Alors, prudence.*

Confiez-vous aux seules agences agréées dans le cadre desquelles vous pourrez faire éventuellement carrière. Le free-lance ne mène jamais bien loin. Les mirages foisonnent sur le chemin d'un métier difficile autant qu'exaltant.

Nous nous définissons comme des révélateurs de talents puis après, mieux qu'un impresario, comme leur confident et leur soutien.

Non, la beauté ne suffit pas. Il convient de cultiver ou d'acquérir ce "je ne sais quoi" supplémentaire, ce "truc" en plus qui ne fera pas long feu sans énergie, sans caractère, sans personnalité.

le pari pas cher de Vanessa

Réalisation : Jim de la TOUR
Photos : Ricardo TINELLI
Coiffure : Bruno SILVANI
Maquillage : Corinne FOUET

Pour passer l'hiver en toute tranquillité, Vanessa a enfilé son anorak, "parka de l'atlantique" (Marché Malik, les puces de Saint-Ouen pour 75F).

Sur un jupon de taille long, Vanessa ne s'est pas privée d'enfiler une blouse de grand-mère à motifs cachemires (Guérrisold, 5F et 10F).

Un look seventies pour la jolie Vanessa avec une superbe veste et un pantalon trompette (100F l'ensemble chez Emmaüs), sur lequel elle met une veste 3/4 en cuir noir (Emmaüs, 50F), Boots (Emmaüs, 50F).

Vanessa enfile un tee-shirt vert amande, taille enfant 12ans, sur un jean beige trop grand pour elle (le tout chez

Credit photo : Ricardo Tinelli

Baby Doll !

Crédit photo : Carole Morgan

P. Berdoy

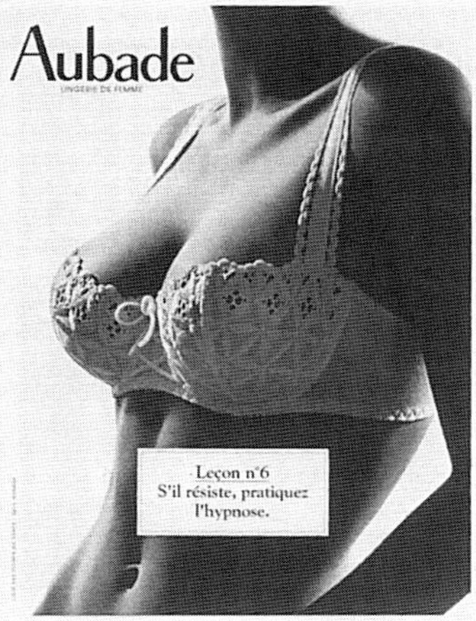

B. Matussieve

P. Berdoy

J.J. Bugat

P. Berdoy

J.J. Bugat

J. Lastera

I. Brosch

J. Lastera

Publications de mon Press-Book

La Séduction sous le regard du photographe

Crédit photo : Michel Marizi/Télé 7 Jours

Mamannequin, Mannequin, Maman !!!

Katy : "A dix-huit ans, j'étais mannequin. J'ai continué de l'être, disons jusqu'à vingt-deux, vingt-trois ans, mais, dans l'intervalle, j'avais mis au monde une petite fille : Vanessa qui venait, d'un seul coup d'un seul, bousculer mon emploi du temps et mes projets.

Un enfant, ça vous oblige à mettre un peu d'ordre dans votre existence. La vie de mannequin, c'était — ça l'est encore — la bohème et le défi permanent lancé d'abord à soi puis, ensuite, aux aléas.

Vanessa m'apprenait soudain le sens concret du mot devoir et, quand bien même je continuais quelque temps à ne pas refuser certains contrats qui se présentaient, je visais, sans regret — puisqu'un enfant vous paie des intérêts de tendresse sur le capital affectif et matériel que vous lui donnez — je visais sans regret une autre opportunité.

J'ai donc regardé naturellement ailleurs, c'est-à-dire tout près, autour de la profession, laquelle se voyait, à l'époque, fort décriée, déconsidérée, mise dans le même sac des femmes-objets que les hôtesses, les call-girls, les entraîneuses. Il y avait eu pourtant Mai 68 et Woodstock. Cela se passait en les années de Grâce 70 : les choses allaient encore ainsi dans l'inconscient collectif et dans les idées reçues. Je cachais, du reste, mon métier lorsque nous sortions entre amis.

Je travaillais mais je savais que je n'atteindrais jamais le firmament des stars et des "tops". J'en avais pris mon parti. Même s'il m'arrivait de tourner une pub télé, de poser pour Hermès ou d'améliorer mon audimat personnel sur une présentation.

Crédit photo : DR

Premières séances photos !!!

De fil en aiguille et de flash en carnet de rendez-vous, ma fille grandissait ... puis elle m'accompagna sur mon lieu de travail.

Elle m'avait fait renoncer à quelques "envols" mais, tant pis, elle était là, déjà mignonne, c'est vrai : la partialité d'une mère ici n'entre pas en ligne de compte. Un jour un photographe me demande la permission de la faire poser pour un catalogue, celui de "La Redoute". "Mimi", le résultat dans les pages de mode enfantine. C'est, pour Vanessa, le début d'une aventure, celle des séances de prise de vues du mercredi. La cabotine exhibe des airs et des "mines". "Craquante", je la trouve "craquante". Une agence d'enfants-mannequins, la Récré, la prend sous son aile. Mais les contraintes s'avèrent exténuantes pour ce bout de chou. Stop. Six mois plus tard, je coupe court à l'expérience.

Avec Gérard, nous créons ensemble une agence, j'ai vingt-six ans. Nous sommes dans les années 1980.

Les choses commencent à évoluer. Les événements se précipitent.

Durant ma "Préhistoire", Paris ne comptait qu'une "malheureuse" agence ou deux. Désormais, les mannequins prennent du poil de la fourrure et je me mets à jouer les Pygmalion. Les jeunes filles qui frappent à notre porte se montrent à "l'état brut", dans leur splendeur originelle et nous devons leur apprendre à se mettre en valeur.

Voici la raison d'être d'un bon agent avec le souci d'établir une adéquation parfaite entre la cible, l'objectif du client et son ambassadeur, son porte-parole, sa flèche : le mannequin, le Top.

Je suis gourmande, mais ça se soigne.

Crédit photo : Papa

Et Vanessa dans tout cela, me direz-vous ... Cette dernière s'adonne à l'école buissonnière avec la frénésie des gosses qui n'aiment pas l'école et ce, pour se présenter, en cachette, à des "castings" de mode.
Le manège se poursuivra jusqu'à l'âge de quinze ans. Je finirai par céder. Je n'ai pas été d'accord jusqu'à ce moment pour protéger ma fille. J'ai souhaité la voir poursuivre ses études, passer son bac.

Certes, je considère que ce métier, qui vient littéralement d'exploser, demeure un conte de fée, dans le pays presqu'imaginaire et voluptueux du luxe, des bijoux, des belles choses. Mais

J'avais 10 ans, jétais loin de penser

que ce métier ne me quitterait plus.

4 ans plus tard,

je suis toujours là...

Crédit photo : DR/Magazine 20 ans

j'ai peur pour Vanessa parce que je sais quel miroir aux alouettes il peut devenir, avec, à l'étiage, le piège aride et salé de la désillusion.

Car les top models, il y en a vingt dans le monde, embarqués, telles des sirènes, à la proue du vaisseau de leur célébrité. Le "reste", ce sont des filles qui "rament".

Il convient d'avoir du caractère. C'est indéniablement le cas de Vanessa — Vanessa Demouy (son vrai nom), sur les couvertures des magazines — qui a su, de la hauteur suffisante de son mètre soixante-dix, imposer son style et ses canons. J'avoue que je l'admire.

Tout pourrait arriver mais la voici, poussée des coulisses sur la scène par la main de la chance. Une personnalité du grand écran nous rappelait, l'autre jour, lors d'un déjeuner, qu'il y avait une crise du cinéma, qu'elle était cyclique, que tous les cinq ans...

Dans cinq ans, Vanessa tiendra le sommet de l'affiche ou ne sera plus rien, oubliée dans la nébuleuse dorée des galaxies médiatiques.

Je ne le pense pas.

Pour l'instant, ça "baigne" dans l'huile d'une machine à réussir qui tourne rond. Il y a eu, l'année dernière, ce casting de la télévision, ce rôle de mannequin, cette fois au petit écran comme dans sa vie.

Douze mois d'interviews, de télé, plusieurs semaines à la une des magazines ; le défilé de Jean-Paul Gaultier pour couronner le tout et la Magie.

Si nous avons aidé Vanessa ?

Si c'était la petite fille à sa maman que l'on pistonne à tout va?

Je préfère qu'elle réponde elle-même à cette question comme elle a cru bon de judicieusement le faire au cours d'un entretien de presse :

« *Ça m'a aidée dans le sens où elle a pu me conseiller en me disant : "Ça c'est bien, là c'est moins bien : il faut que tu voies telle personne et pas telle autre...". Sinon, dans le métier proprement dit, ça ne m'a pas aidée du tout : les filles sont très jalouses. Les gens disent : "Tiens, c'est la fille de sa mère, c'est pour ça qu'elle est là" et vous mettent des bâtons dans les roues. J'ai dû batailler encore plus »* .

Ma fille se montre lucide et très déterminée. N'en doutez pas : elle se bat.

L'existence lui redonne, au fur et à mesure, le goût du travail et de l'effort. L'on n'apprend pas de la même manière à tous les âges.

Je le répète : dans cinq ans ...

Grâce à Dieu, son succès, Vanessa ne le doit qu'à son talent, ses talents : mannequin, comédienne, danseuse, chanteuse, auxquels s'ajoutent trois vertus :

Son obstination, son caractère et sa vitalité.

Des conseils, nous lui en prodiguons, je lui en prodigue...

D'autres aussi : conseils autorisés de professionnels, de médecins, d'artistes... Rien ne remplace jamais l'avis de l'homme de l'art.

Les mannequins ont aujourd'hui mérité leur aura. L'on requiert leur opinion sur tous les sujets : politique, culture, sport, santé, loisirs ...

Ils-elles mettent en scène leur photogénie pour créer une nouvelle mythique du charme, une mythologie sans frontière, hyper médiatisée.

Vanessa profite de ce courant, y mêlant son impulsion.

Mais elle imagine d'autres rôles sur des planches ou devant une pellicule...

... Sur des planches, sur un podium, le public l'a fait frissonner... Vanessa meurt d'envie de recommencer.

Au creux de sa chambre, écoutant la musique du film "Ghost", elle rêve à des fantômes de gloire, en chair et en os, assis devant elle, derrière une caméra, sur des chaises de tournage à leurs noms, des noms reconnus par la critique.

Au même moment, une copine l'appelle. Le téléphone reprend ses "patati, patata..." Vanessa "braille" :

— que diriez-vous d'un bon couscous ? ... J'ai une de ces faims !

Faim ... comme à vingt ans .

Crédit photo : Jean-Claude Cuny

Rêves de Chine

Vanessa Demouy porte
une veste "Rêverie"
en agneau plongé et renard
vert dentelle brodée.

Crédit photo : Thierry Xuereb pour J-C. Jitrois/L'officiel.

INTERVIEW

Vanessa

De quoi rêve Vanessa ? D'un grand rôle au cinéma... En l'attendant, elle joue celui de Linda, la gamine de service de "Classe mannequin" sur M6, gaffeuse et tout le temps amoureuse. Quand Vanessa quitte le plateau, son emploi du temps ne s'arrête pas pour autant, elle rejoint les photographes et redevient un "vrai" mannequin...

PROPOS RECUEILLIS
PAR STÉPHANE WINKLER

Crédit photo : Jean-Claude Cury

Crédit photo : Jean-Claude Cury

Prenez garde à la *gourmandise !*

Crédit photo : Johann Chevalier

Mes questions de diététique et d'art de vivre :

Rendez-vous à Saulieu, chez Dominique et Bernard Loiseau*.

***Vanessa Demouy :** Alors, dites-moi, Bernard Loiseau, même pour un mannequin poids plume, bien manger, c'est quoi ?*

Bernard Loiseau : Pour moi, bien manger signifie : manger varié, prendre le temps d'apprécier ce que l'on déguste, avoir du plaisir.

Cela ne veut pas dire qu'il faut acheter des produits chers. L'on peut se régaler de choses simples, dès l'instant qu'elles sont bonnes et qu'elles ont un très haut niveau de qualité. Rien de tel qu'une bonne salade, qu'un bon poulet, servi — naturellement — avec un bon légume et, pour terminer, une bonne compote — vous remarquerez que j'emploie souvent le mot bon qui contient une valeur simple, authentique...—. Cela signifie notamment que la salade est bien assaisonnée, cela suppose que la volaille ait été soigneusement élevée puis bien cuite, que le légume soit de saison,

Crédit photo : DR

Vanessa dégustant un plat (sans doute délicieux) avec Bernard Loiseau et Guy Savoy

*Bernard Loiseau. "L'envolée des saveurs". Edit Hachette.
*Bernard Loiseau. "Trucs, Astuces et Tours de main". Edit Hachette.

Nutrition

que la compote soit obtenue en laissant un peu caraméliser les quartiers de pomme ... Je suis un fervent adepte des produits de saison : ce sont eux qui viennent de France, sans conservation prolongée, sans trop voyager. En pleine saison, fruits et légumes ont leurs qualités optimales. Il n'y a pas de miracle ! Si le choix du produit s'avère important — primordial aussi — , la manière de cuisiner l'est tout autant. J'ai depuis toujours adopté des principes de cuisine dans lesquels j'utilise **le moins de graisse possible**. Ceci permet une digestion plus légère.

Dans les desserts, j'utilise le moins de sucre possible pour ne pas écoeurer les clients et pour respecter le goût des fruits ou des autres ingrédients.

Au fond, chère Vanessa, vous qui êtes gourmande, vous me posez, en filigrane, cette question : la gastronomie peut-elle être synonyme de santé ? Je réponds oui. Je persiste et je signe. De surcroît, il faut tout faire pour qu'elle le soit de plus en plus...

... Pour concilier — ou réconcilier — le couple Gastronomie/Santé, nous devons savoir limiter tout ce qui déséquilibre notre alimentation : réduire l'apport de graisse — surtout animale — et le sucre.

A partir de cela, ne pouvant plus faire appel aux éléments flatteurs que constituent les graisses et le sucre, j'ai décidé que ce serait le produit lui-même qui devrait surprendre le client.

Comme dans un tableau d'Arcimboldo*, c'est le produit qui dessine un visage, un caractère et devient la vraie vedette ...

Vous me donnez envie de garder la ligne en partageant un bon repas entre copains ...

Bernard Loiseau : Le plaisir de manger comporte aussi sa forte composante affective : les personnes avec lesquelles on se délecte d'un bon plat ; les plats empreints de souvenirs d'enfance et de famille ; le partage d'un repas qui crée des liens particuliers, souvent privilégiés ; enfin, la notion de "plaisir convivial" : celui que l'on donne et celui qu'on reçoit.

---

*Giuseppe Archimboldo (Milan 1527 - Prague 1593) : peintre italien, auteur de portraits dont la structure du visage et du buste est constituée d'un assemblage d'objets, notamment des légumes et des fruits, des animaux, des aliments.

Selon vous, la taille mannequin n'est pas incompatible avec la bonne chère ?

Bernard Loiseau : Que nenni ! Le fait d'avoir une taille mannequin ne doit pas empêcher "d'aller au restaurant". Tout réside dans le choix : l'on peut prendre un repas léger. Quant aux effets, ils dépendent, bien sûr, de la quantité de plats que l'on commande durant un repas. L'on peut avoir une taille mannequin sans mourir idiot devant une assiette triste et vide. Par ailleurs, il existe nombre de plats qui permettent de rester mince : les crustacés, le saumon fumé, par exemple, si l'on sait limiter les tartines de beurre ou les sauces qui les accompagnent ; les poissons, les volailles, etc...

Pensez-vous que les grands chefs puissent être comparés aux grands couturiers ?

Bernard Loiseau : La Haute Cuisine et la Haute Couture comptent beaucoup de points communs. La Haute Cuisine est la référence de la tradition : tout est fait main. J'ai vingt cinq cuisiniers dans ma cuisine pour préparer soixante repas, en moyenne, par service.

Mes couturiers préférés sont Jean-Paul Gaultier, *l'insolent "génial",* Azzedine Alaïa *qui flatte la femme par la matière,* Versace *pour la note en plus,* Karl Lagerfeld, *pour la séduction,* Lolita Lempicka *pour sa mousseline et ses dentelles "Sexy baby-doll", Chanel, "parce que"... Je puis donc ajouter, désormais, Bernard Loiseau ?*

Bernard Loiseau (souriant) : Serviteur, Mademoiselle. Du reste, les cuisiniers possèdent, comme les couturiers, une Chambre Syndicale. La Chambre Syndicale de la Haute Cuisine Française rassemble les cinquante meilleurs cuisiniers de France ...

... Et puis, comme la Haute Couture, la Haute Cuisine se diversifie par son "prêt à porter" qui prend diverses formes : conseils pour l'agro-alimentaire, formules de restauration du type "bistro", sélection de produits (avec sigle), etc...

Cuisine et sensualité... cela vous inspire-t-il?

Bernard Loiseau : La cuisine fait appel à tous nos sens :

• La vue d'un aliment qui nous fait saliver par la couleur, les formes, la brillance, tel le vêtement "affriolant" d'une jolie femme ...

• L'odorat : les odeurs nous enivrent et nous séduisent. Je ne mange jamais d'un plat sans d'abord "renifler" l'assiette, la humer, sentir avant de prendre la première bouchée, délicatement, mais avec ferveur ...

Avant de l'entamer, je sens aussi le pain... Vous essaierez, Vanessa. Vous verrez que l'on adopte ensuite cette habitude très intéressante, très édifiante.

• L'olfaction : dans la bouche, les aliments émettent des arômes qui sont "prisés" par les voies rétro-nasales. Goûtez un mets avec le nez pincé : vous ne sentirez rien !

• La gustation : par les papilles gustatives de la langue qui détectent les quatre saveurs de base : acide, amère, sucrée, salée.

• L'ouïe : ... mais si, lorsqu'on apprécie le "crac" du pain, d'une pâtisserie croquante, etc ... !

• Le toucher : caressez une pêche, une pomme et vous saurez...

Comme chez un grand parfumeur ou chez un grand couturier, la Haute Cuisine est-elle magique ? S'agit-il d'un métier ou d'un art ?

Bernard Loiseau : Avec ses réactions prévisibles et ses réactions imprévisibles, la cuisine tient à la fois de la chimie pure et de l'alchimie.

L'on m'a dit que vous aimiez faire la cuisine, Vanessa. Vous n'êtes pas sans savoir que cela requiert quelques notions fondamentales. Interviennent ensuite la créativité, la sensibilité, la personnalité du cuisinier. La Haute Cuisine est un art. Certes, il existe des hommes de fourneaux qui se contentent de copier ce qui se fait alentour. Mais il y a ceux qui créent un nouveau style, qui ne se lassent pas d'innover. Innover ne veut point dire : inventer n'importe quoi, sous prétexte de se montrer original.

Du reste, si quelqu'un crée, ne serait-ce qu'un plat par an, c'est déjà bien car ledit plat ne doit jamais avoir existé dans le passé.

A l'instar de la mode, l'on reprend également ce qui, plusieurs années auparavant, "se faisait" déjà. Le tout c'est d'avoir un style, "son" style, que le public reconnaît.

J'en suis convaincue.

D'ailleurs, je vous promets de n'aller au fast-food qu'une fois de temps en temps parce que j'en raffole, comme tous les jeunes de mon âge... Mais, ne vous fâchez pas, j'aime aussi la bonne "bouffe" et le goût inimitable des choses vraies. Vous me livrerez peut-être un petit secret culinaire avant de partir ... non ?

Bernard Loiseau : Peut-être ...

En attendant votre réponse, votre épouse, Dominique, va pouvoir me

Crédit photo : Bruno Fabbris

parler de diététique, puisque c'est son domaine réservé. Cela m'intéresse vraiment mais, à votre avis, Dominique Loiseau, cela recouvre quelles préoccupations, quels objectifs, la diététique ?

Dominique Loiseau : La diététique, cela consiste d'abord à s'alimenter pour répondre aux besoins spécifiques de l'organisme.

Il convient de distinguer la "diététique" proprement dite qui concerne les personnes en bonne santé relativement à leur âge et qui ne doit pas se confondre avec la "Diététique thérapeutique". Cette dernière s'adresse à des besoins particuliers, généralement pathologiques — obésité, diabète, maladies cardio-vasculaires — relevant du domaine médical.

Il est important d'insister à cet égard à l'intention de vos fans, surtout les plus jeunes, soucieux de se "modeler" une taille mannequin.

La diététique vise différentes catégories de personnes en bonne santé, lesquelles ne doivent surtout pas se comporter comme des malades. Parmi ces catégories : les enfants, les adolescents, les personnes âgées. Chacune de ces catégories a ses besoins spécifiques.

J'ai probablement rencontré l'homme de ma vie — qui sait ? —, j'aurai, j'en suis sûre, un enfant. Vous êtes, vous-même, mère d'une fillette de cinq ans et d'un garçon de trois ans. Alors, comment nourrir ses enfants ?

Dominique Loiseau : Pour compléter mon propos de tout à l'heure, je dois rappeler que les enfants ont deux sortes de besoins : des besoins de croissance et des besoins énergétiques — ils s'adonnent parfois aux activités physiques les plus intenses —. Afin de compenser ces besoins, ils doivent consommer beaucoup de produits laitiers, des légumes en tous genres, de la viande, et du poisson, des féculents — pâtes, pain, ...—. Et il faut proscrire les sucreries et les boissons sucrées. Les confiseries doivent être exceptionnelles. La meilleure des boissons, c'est l'eau ! Qu'ils n'abusent, non plus, de biscuiterie sèche — ce ne sont, la plupart du temps, que des graisses et de l'amidon —. Du chocolat ou du fromage avec du pain valent mieux au goûter.

Les adolescents – j'y reviens et je souligne mes affirmations de trois traits — **doivent, eux aussi, pour garder la forme, prendre garde à leur alimentation :** beaucoup de produits laitiers — lait, yaourt, fromages —, des légumes non féculents, des féculents. Tâcher d'éviter les sucreries qui ne contiennent pratiquement pas de sels minéraux, de vitamines, de fibres. Préférer les fruits, les fruits secs — noix, noisettes —, les compotes. Surtout :

Il faut varier les aliments. De la monotonie des repas résultent fréquemment les carences vitaminiques et minérales.

Récapitulons. Les erreurs souvent commises sont les suivantes :

• excès de sucreries

• excès de graisses cachées (biscuits secs, confiseries au chocolat, sauces grasses, préparations grasses, pâtisseries, viennoiseries...)

• insuffisance de produits laitiers, de fruits et de légumes non féculents (cuits ou crus)

• insuffisance d'huiles végétales insaturées — maïs, tournesol, soja, noix, colza — dont il faut consommer un peu tous les jours (pour le cerveau, les nerfs, la peau...).

Bien manger = Bien choisir ses aliments.

Vous pouvez faire un repas dans un fast-food si vous veillez, au cours du repas suivant, à consommer suffisamment de produits laitiers, de légumes ou de fruits.

Une parenthèse : pour la peau, le sommeil n'est pas mal non plus ...

Quand il s'agit de se vêtir, l'on peut avoir "bon goût", l'on peut avoir "mauvais goût". L'on peut "éduquer" le goût, apprendre à mieux s'habiller...

... L'éducation du goût. En gastronomie, quel voyage initiatique la pédagogie propose-t-elle ?

Dominique Loiseau : Pour apprécier des aliments, il faut les avoir goûtés, regoûtés de nombreuses fois. Les parents doivent faire apprécier à leurs enfants le plus de produits possible et leur expliquer les nuances de goût : par exemple, la différence entre les variétés de pommes, les arômes qui les distinguent, leur consistance, les saveurs, leur "jutosité" ; par exemple encore, la différence entre des pains d'origine diverses. Il faut essayer d'exprimer ce que l'on ressent. C'est ce que les enfants ne sont plus capables de faire. D'ailleurs, les repas sont, le plus souvent, pris dans des ambiances trop bruyantes (au restaurant scolaire, en regardant la télévision). En outre, les industriels ont tendance à proposer des produits de plus en plus neutres, adoucis pour plaire au plus grand nombre. C'est "l'audimat" du goût. Résultat, le goût s'affadit. On mange de plus en plus de choses molles (on n'a même pas besoin de mâcher !), de choses sucrées (goût américain qui gagne progressivement la France : bonjour l'obésité !). Nos papilles ne sont plus sollicitées et n'aimeront plus, à la longue, les goûts originaux. Les endives, par exemple, ne sont plus amères car "on" les veut douces. Il faut réagir pour que ce phénomène ne s'étende pas, sinon la variété des aliments consommés se réduira.L'échantillon du goût se révèle primordial, Vanessa. Ce n'est certes pas un mannequin qui me contredira.

Comme Bernard, je vous suggère de vous livrer à l'expérience qui consiste :

1° à sentir un plat avant de le goûter,

2° à le regarder,

3° à fermer les yeux de temps en temps en le mangeant — pour ne se consacrer qu'à savourer, qu'à "respirer" ses arômes, ses goûts...—.

Actuellement, il arrive que, lorsque l'on ferme les yeux, le produit n'ait pas le goût qu'il devrait avoir...

La taille mannequin ne peut passer, pour les petites filles qui souhaitent suivre vos traces, que par cette diététique-là, que par cette pédagogie du bon goût.

Vous entendez ?

Alors, pas de bêtises. Ne suivez pas les régimes imbéciles. Mangez sain. Mangez de tout mais en quantité raisonnable.

Choisissez les aliments de la forme !

Faim de vie : Question(s) de Santé

La génération Sida peut-elle nourrir une espérance ?

J'interroge à ce propos le Dr Jean-Marc Bohbot, Spécialiste en M.S.T.* Consultant à l'Institut Alfred Fournier de Paris, Centre collaborateur de l'O.M.S.** pour les M.S.T.

Vanessa Demouy : *Dites-moi, Docteur Bohbot, je sais que vous préparez à ce sujet un livre avec le Professeur Montagnier — sommes-nous, en cette fin de siècle, les "animaux malades de la peste", d'une nouvelle peste, le Sida ?*

Dr Jean-Marc Bohbot : Je comprends que le Sida projette une ombre épaisse sur la sexualité des jeunes de votre âge, mais il ne faudrait pas qu'il occulte les autres Maladies Sexuellement

Crédit photo : DR

Le Dr J. M. Bohbot et Vanessa

*Maladies sexuellement transmissibles
**Organisation Mondiale de la Santé.

Crédit photo : Bruno Fabbris

Transmissibles — M.S.T. — dont les effets s'avèrent pernicieux. Vous rendez-vous compte que, d'après l'Organisation Mondiale de la Santé, 300 millions d'individus sont atteints, chaque année, dans le monde, par une M.S.T. En France, il n'existe malheureusement aucun observatoire épidémiologique susceptible de nous renseigner sur l'importance et l'incidence exacte de ces affections, ou plutôt de ces infections ...

Vous pensez à quelles maladies ? La syphilis ? la blennorragie ?

Dr Jean-Marc Bohbot : Elles existent toujours. La seconde engendre des inconvénients qui disparaissent rapidement, avec un traitement énergique, adapté.

La première, plus grave, dont souffraient et mouraient, au siècle dernier, au début de ce siècle, nombre de personnes parmi lesquelles nous pourrions citer de grands écrivains, ne résiste pas aux antibiotiques spécifiques mis au point ces dernières années.

Je m'inquiète, par contre, au sujet d'autres pathologies dont les conséquences se révèlent désastreuses...

Les jeunes de mon âge ne savent pas tout cela... N'a-t-on pas la possibilité de se prémunir ?

Dr Jean-Marc Bohbot : Effectivement, mais si le dépistage du Sida constitue par nature un élément essentiel dans la lutte contre ce fléau, nous devons regretter, par ailleurs, que sa forme obsessionnelle, unique, ait écarté la recherche d'autres microbes sexuellement transmissibles et non des moindres ...

Les chiffres parlent à cet égard d'eux-mêmes :

• Les MST rendent stériles, en France, une femme toutes les cinquante minutes (10 000 par an) ;

• 7 à 8 femmes par jour meurent d'un cancer du col de l'utérus provoqué par le Papillonna Virus (HPV) ;

... et 8 à 10 personnes meurent, dans notre pays, quotidiennement, du Sida.

C'est révoltant ! C'est scandaleux !

Dr Jean-Marc Bohbot : Je ne vous le fait pas dire ...

... d'autant que toutes **les MST** se présentent comme **des infections évitables** y compris le Sida. **Le Sida** dans le monde est, du reste, la seule maladie mortelle **évitable** par un **comportement responsable**, volontaire.

Dites-leur clairement, Docteur : **utilisez les préservatifs**.

Dr Jean-Marc Bohbot : Oui, car d'autre part, l'immense majorité des **MST sont guérissables** ou contrôlables, sans risques et sans séquelles, par voies thérapeutiques précoces. Les "vieilles" maladies, telle la "chaude-pisse" évoquée par Rabelais — mais connue sous le nom savant de gonococcie —, régressent.

En revanche, l'on constate une prolifération des maladies plus sournoises, plus dangereuses, en particulier génératrices de cancers, de stérilité ...

Je ne rentrerai pas dans le détail, car il ne me paraît pas souhaitable de remplacer la consultation par une lecture.

Je n'ai pas beaucoup lu mais j'ai trouvé beaucoup de vérité dans cette phrase de Romain Rolland "En voulant on se trompe souvent ; en ne voulant pas on se trompe toujours"...

Notre détermination et notre volonté peuvent-elles enrayer le Sida, dresser un rempart contre lui ?

Dr Jean-Marc Bohbot : Bien sûr et nous avons le devoir de mobiliser, en ce sens, l'Humanité. Car le problème, d'envergure, n'est pas seulement physique. Il est moral. Notre dernier espace de liberté — celui de notre intimité sexuelle — vient de "tomber". J'emploie sciemment ce terme utilisé durant les guerres et qui signifie qu'une position vient d'être prise, "anéantie" par l'ennemi.

Je pèse mes mots. Par son ampleur — 40 000 cas en France, des millions à travers le monde — le Sida pose un problème fondamental de société. Mais il ne s'agit pas de baisser les bras. Evidemment, les morts font — hélas — de la place et leur nombre est

Crédit photo : Carole Morgan

Tous les garçon et les filles de mon âge...

remplacé par de nouveaux malades : situation dont un médecin ne peut se satisfaire. Quoi qu'il en soit, des traitements de choc, parmi lesquels l'AZT tient une place considérable, ont diminué la morbidité, prolongé la vie. La deuxième phase, la plus difficile, consiste maintenant à ne plus avoir de malades, à prévenir la maladie. Ne jamais accepter la mort, le message est déjà contenu dans "La peste" d'Albert Camus.

Le danger de la maladie continue d'exister. Les rats se cachent derrière les meubles. Il faut tuer les rats.

Vous avez parlé de liberté ? D'humanité ? De comportement ... Précisez un peu votre pensée ...

Dr Jean-Marc Bohbot : Elle n'a rien d'exclusif et d'original. Le Génie de la Maladie fait qu'elle s'adapte et qu'elle progresse. Le Génie de notre espèce fait qu'elle s'adapte et qu'elle se défend.

Actuellement, l'on peut prolonger la survie. Compte tenu des recherches, la guérison n'est pas encore à l'ordre du jour. L'on se contente, en l'état des connaissances et des recherches, d'essayer de faire du Sida, non plus une condamnation à mort, sous brève échéance, mais une maladie chronique. C'est un progrès.

Parler de "porteur sain" n'a pas de sens.

Quant au vaccin, songez qu'il pose aussi nombre de problèmes toujours en suspens.

Les perspectives regardent vers la génétique et la stimulation des défenses.

Toujours la volonté de vivre car le Sida suscite, grosso-modo, le suicide collectif des défenses immunitaires — apoptose —.

Cependant, l'essentiel de notre démarche réside dans le choix de notre protection. Certaines prostituées me racontent que des hommes inconscients leur offrent des sommes mirobolantes pour faire l'amour sans préservatif. Une folie.

L'homme entre-t-il, avec le Sida, dans une nouvelle ère, celle de sa folie destructrice ?

Dr Jean-Marc Bohbot : Cela se pourrait car si les êtres ne s'expriment plus, par peur, dans l'amour, ils risquent de s'exprimer par la violence, une violence exutoire.

Mais, vous savez Vanessa, les implications du Sida sont aussi d'ordre moral, d'ordre économique.

Tenez, l'Afrique. Tous les efforts accomplis pour prolonger l'espérance de vie ont été, depuis dix ans, complètement annihilés. Quant à l'Asie du Sud Est, sa population laborieuse décimée ne représentera bientôt plus un danger pour l'Amérique et l'Europe.

Mais cette peur devient une psychose ... Où se terre l'Espérance ?

Dr Jean-Marc Bohbot : Oui, le tourisme remplace la guerre et l'on tue par propagation.

Mais l'espérance réside dans la capacité des hommes à s'adapter. Il est curieux de voir comment, des virus, en certaines contrées, se montrent moins virulents que d'autres et comment certains facteurs d'inflammation se révèlent plus ou moins favorables à la contamination. L'on remarque qu'à Nairobi, par exemple, des populations de prostituées résistent désormais à la maladie qui ne parvient point à les décimer.

De toutes façons, un virus appartient à l'équilibre biologique. Il ne va pas tout détruire sous peine de se détruire lui-même.

Afin de comprendre et de cerner le mal, il faut analyser aussi les différences.

Alors l'espérance, me dites-vous, elle subsiste dans le soin que chacun doit mettre à défendre son existence, LA VIE.

Le Sida, je le répète, est une maladie mortelle **évitable**. Il faut se protéger, **utiliser le préservatif**, responsabiliser les deux sexes, apprendre à **"Parler l'amour"**. (Référez-vous à mon dernier ouvrage intitulé "Maux d'amour"*).

Il convient aussi de se garder contre l'ignorance et les idées reçues : Non, les moustiques ne transmettent pas la maladie.

Des expériences ont été réalisées, à se sujet, en Floride :

et d'un, les moustiques n'injectent jamais de sang, mais ils en prélèvent,

et de deux, le virus du Sida ne se développe pas dans les glandes salivaires du moustique...

D'où vient le mal ? De nous. Instaurons la confiance mutuelle en place de la paranoïa. Pas de barrière sans espoir : les progrès scientifiques forment un volet de notre lutte mais la véritable bataille se résume à notre action responsable.

Crédit photo : Carole Morgan

Vous le disiez tout à l'heure, Vanessa, ... C'est **"en voulant"**...

Depuis l'avènement de la contraception, la protection du couple incombait à la femme...

... Et l'homme n'est pas préparé, du moins pour l'instant, à cette nouvelle responsabilité.

N'importe quel médecin sait vous renseigner. Il est tenu au secret professionnel, même si l'on est mineur. Livrez ce message à vos fans, Vanessa.

Vous ferez œuvre de salubrité, de salut public.

Des centres (Centres de planification familiale, dispensaires) vous accueillent anonymement et font pratiquer gratuitement certains dépistages.

*Edit. Ellebore.

Ne perdons pas le temps de l'Espérance

— Non, ne le perdons pas.
Je "radote" sans doute mais c'est mon rôle de mannequin, comme dans la pub, pour provoquer des réactions et créer des habitudes, de bonnes habitudes. Par pitié, ne jouez plus avec votre vie. Tant que vous continuerez d'être instables, indécis en amour : une seule protection vraiment efficace, **le préservatif**. *Après, lorsque vous entretiendrez des relations suivies avec un partenaire, lorsque vous serez fidèles, viendra le temps du test et de son rappel. D'accord ?*

Crédit photo : Carole Morgan

N'ayez plus les "chocottes". Portez la capote !

Crédit photo : Alain Roissiaud/VSD

Ce qui me "sauve" : le sport.

Crédit photo : Carole Morgan

Il faut souffrir pour être belle

Ah...

l'apparence !

Crédit photo : Jean-Claude Marouze

Question(s) de Sport
Sport sans réserve ?

Mon interlocuteur : Le Professeur Claude Bensch, spécialiste de Biologie et Médecine du Sport à l'Université de Bordeaux II, chef de service au CHR de Bordeaux.

Vanessa Demouy : *Professeur, je viens vous retrouver, presque sur les bancs de votre université, pour faire en quelque sorte la part des "on dit" car l'on entend à peu près tout et le contraire de tout sur les avantages et les inconvénients du sport ? Pour ma "Taille mannequin", il est important de savoir"...*

Professeur Claude Bensch : D'abord, il ne faut pas confondre le sport et l'activité physique.

Le sport constitue l'une de formes de l'activité physique. C'est une question de fréquence et d'intensité... Mais aussi d'état d'esprit.

Ne pas confondre deux heures d'activité physique une fois par semaine et trois ou quatre fois deux heures d'entraînement sportif par semaine. Ni l'activité physique, ni l'entraînement ne doivent compromettre l'état de santé. S'avèrent importantes les conditions de la pratique, à commencer par l'environnement et l'intensité.

Dans tous les cas et a fortiori dès que l'on s'adonne à la compétition, l'on a tout intérêt à se faire suivre médicalement, au moins une fois par mois.

Peut-on se livrer sans danger à toutes les activités sportives ?

Photo réalisée
pour le Catalogue Reebok
à 18 ans

Crédit photo : André Perlstein

Professeur Claude Bensch : Primo, tous les sports ne sont pas bons pour tout le monde. Secundo, toutes les activités physiques requièrent d'être adaptées à chaque patient.

Les conditions de pratique s'avèrent primordiales. Mais toutes ces adaptations sont possibles et l'on peut voir, par exemple, des handicapés pratiquer le parachutisme. Il est bien évident que dans ces conditions, il convient d'adapter la pratique au handicap. Ils ne font pas du parachutisme comme vous en feriez vous, Vanessa...

Mais, je crois que pour être mieux compris, il faudrait revenir à la définition du sport.

Le sport est une activité physique mais dans un cadre **bien défini**, sur le plan des programmes moteurs et surtout, surtout : avec un but, une finalité à la fois ludique et compétitive, un jeu qui peut être, si l'on est seul, le dépassement de soi-même.

L'on ne peut forcément assimiler la gymnastique au sport sauf si celle-ci se pratique en salle, dans un but précis, avec des règles de technique et de temps.

En matière de sport, il convient de s'en remettre, en plus du conseiller médical, à ce que les Américains appellent un coach, un entraîneur, un meneur de jeu.

Dans le cas des programmes sport-santé, il n'est pas mauvais que l'interlocuteur soit le médecin.

Dans les clubs de sport pour personnes âgées ou jeunes handicapés, il est essentiel que moniteurs et médecins unissent leurs efforts.

Pour le sport, seule compte la performance qui ne peut être jugée que par un arbitre extérieur. Quant à l'évolution de la personne sur le plan physique, elle regarde le médecin.

Vous savez, les sportifs de haut niveau sont rarement seuls et s'entourent de kinésithérapeutes, d'entraîneurs, de toubibs...

Ce sont des modèles qui nous invitent, qui nous incitent à faire du sport, à pratiquer une activité physique... salutaire ... Non ?

Professeur Claude Bensch : Un fait reste sûr : l'activité sportive transforme l'organisme. Notre objectif **c'est de maintenir à travers elle,** la santé ; **et si possible de l'améliorer**.

Les grands compétiteurs sont des individus merveilleux mais ils se placent, si j'ose dire, "hors d'atteinte".

Ce qui s'est passé l'autre jour au Vélodrome de Bordeaux, où le champion s'est permis de battre son propre record mondial, vous ne le ferez jamais avec votre vélo… Au regard de l'opiniâtreté, de la longévité, certains athlètes, qui savent "rester dans la course" avec d'honnêtes performances durant plusieurs années, demeurent plus attrayants : des vedettes avec lesquelles l'identification s'avère plus facile (leur but est apparemment plus accessible). Les groupes sociaux jouent un rôle fondamental : copains, clubs, associations.

Si quelqu'un pratique sans souhaiter participer aux Jeux Olympiques, ce n'est point aux exceptions qu'il se réfère. C'est plutôt dans une "ambiance porteuse" qu'il essaye de se faire admettre, de s'intégrer avec bonheur.

Alors, quels conseils ?

Professeur Claude Bensch : Allez en salle, trouvez un encadrement. Connaissez votre état de santé, votre niveau sportif.

L'on ne peut être à la fois juge et partie si l'on fait du sport ou ce que j'appellerai pour schématiser : une activité physique spécialisée. Les conseils s'avèrent nécessaires, indispensables. **Seule, vous aurez tendance à minimiser l'effort si vous vous sentez fatiguée … Vous forcerez , si vous vous sentez en forme.**

Il faut que quelqu'un règle "la machine", le tandem dispositions/sport afin de parvenir, sans danger, à la meilleure adéquation.

Autrefois, par rapport à la pratique sportive, on était déclaré, de manière catégorique, une fois pour toutes, apte ou, pire, inapte. De nos jours, chacun peut trouver son plaisir et son "compte" quelque part.

Professeur, peut-on maigrir grâce au sport ?

Professeur Claude Bensch : Attendez, l'on trouve également des gens qui veulent grossir grâce au sport. Pensez au culturisme, à l'haltérophilie, au "Sumo".

De toutes façons, chercher à grossir ou maigrir constitue, sans nul doute, une perversion du sport, un détournement de sa finalité.

La finalité du sport, c'est de modifier un organisme dans sa globalité, y compris le psychique et non un membre ou un muscle.

L'on ne peut impunément se livrer à la "chirurgie esthétique" par sport interposé ... Vous n'en avez pas besoin, Vanessa... Soyez gentille, restez vous-même.

Pensez-vous qu'il existe des pathologies, des troubles spécifiques et fréquents, liés à la pratique du sport ?

Professeur Claude Bensch : Permettez-moi d'attirer justement, à cet égard, l'attention de votre fan-club.

Il existe effectivement des pathologies liées :

1° A une pratique irraisonnée du sport.

2° A une pratique malsaine.

La pratique irraisonnée se singularise par trop d'intensité, des fréquence trop grandes. Elle concerne des garçons et des filles travaillant de façon désordonnée, surtout solitaire (ou n'ayant pas voulu adapter leur pratique physique à leur condition physique du moment).

La pratique malsaine part approximativement de la déduction suivante : "Je m'adonne à tel ou tel sport ... Mon idole pour améliorer ses performances ingurgite telle ou telle substance ... Je vais faire de même et vous allez voir...".... Rien du tout, car jamais des techniques chimiques ne peuvent remplacer une pratique, une connaissance, un entraînement approprié.

Les pathologies induites par de tels comportements, excessifs et inadaptés, — hélas fréquents — se décèlent longtemps après. Il ne s'agit, du reste, pas uniquement d'une pathologie physique. La pathologie morale va de pair et s'exprime par l'habitude acquise de remplacer, dans la vie, la confrontation salutaire avec une difficulté par une substance chimique, un médecin, n'importe quel acte médical ou magique. Ils attendent leurs performances d'une molécule ou d'une technique biologique, d'abord dans le sport puis dans la vie.

Magnifique plaidoyer ... Mais quelles recommandations préliminaires peut-on faire à ceux qui ne pratiquent pas le sport de manière "malsaine" ?

Professeur Claude Bensch : En premier lieu, prescrire aux sujets trés jeunes de ne pas commencer trop tôt **à fond** certaines activités.

En second lieu, s'efforcer, par les meilleurs moyens, d'acquérir, en y mettant le temps, l'habileté motrice et la technicité. L'on ne devient pas Jim Courrier, Becker ou Navratilova du jour au lendemain.

L'on ne doit travailler en puissance qu'à partir de la puberté, voire après la puberté. Beaucoup de disciplines requièrent, de plus, un sérieux encadrement, par exemple le deltaplane, le ski, la spéléo, la paroi (...pour encadrer les adeptes et, quelquefois, les "récupérer"). D'énormes progrès ont été réalisés : progrès des équipements, progrès de la formation des maîtres, progrès du système associatif qui, en France, est très actif et fait du bon boulot.

Malheureusement, tous les grands pratiquants du sport peuvent être amenés à payer un jour le prix de leur entraînement par trop intensif...

... Mais ceux qui paient le moins sont ceux qui continuent de pratiquer de manière certes moins intensive, mais de pratiquer leur activité physique préférée. Le plus dangereux, c'est de s'arrêter, très longtemps, totalement puis, un jour, de reprendre. L'on voit des aberrations et des groupes victimes, de manière statistiquement anormale, de problèmes médico-sportifs. Quitte à me répéter, je souligne qu'actuellement, chacun peut trouver un sport à sa mesure, une activité physique correspondant à sa morphologie comme à "sa" physiologie ...

L'on n'est pas catalogué sportif ou non sportif.

L'on n'interdit plus globalement la pratique sportive. Il n'est pas désagréable d'ailleurs de mettre en échec une société devenue sélective.

Il faut exclure l'exclusion...

L'on peut également réparer plus facilement les dégâts causés par un faux mouvement, un choc ?

Professeur Claude Bensch : C'est vrai, il y a eu, à cet égard, d'énormes progrès. Mais en tout état de cause, la pathologie doit être considérée comme un **phénomène anormal**. L'on est en droit de se satisfaire, en tant que médecin, de la découverte de l'arthroscopie qui a fait faire de grands progrès dans le traitement de certaines lésions ligamentaires et articulaires liées au sport.

Alors, on ne peut être heureux que la pathologie observe et démontre que l'on pratique le sport, en dépit du bon sens, de manière anormale...

L'on ne saurait l'exhiber tel un titre de gloire, comme les skieurs leurs fractures. Dans le monde du sport, la pathologie devrait être considérée comme un échec et non comme une fatalité.

Pour le sport et le poids... Vous ne m'avez pas vraiment répondu.

Professeur Claude Bensch : Je préfère aborder différemment le problème. Sachez que nous avons une balance génétique et qu'**une structure centrale**, l'hypothalamus, **fixe à peu près notre poids ou plutôt notre équilibre pondéral** : on parle de pondérostat.

Le sport gère la globalité d'un état qu'il modifie. Lorsque nous courons, nous consommons de l'énergie — donc des réserves — mais nous libérons des hormones dont certaines modifient le comportement nerveux. Le système cardio-vasculaire et le système respiratoire bénéficient de notre activité.

L'activité bienfaisante du sport ne peut être qu'une action globale, s'étendant jusqu'au psychique. Alors, maigrir ... Oui, mais par quel effort ? Et pour quel résultat ? La perte de quelques grammes nécessite la répétition de plusieurs séances intensives de plusieurs heures. Au prix de la santé. Le contraire de la finalité que nous évoquions plus haut.

Lorsque l'on court, vous le savez ...

Je sais : mon père, Gérard, court ...

Professeur Claude Bensch : La plupart du temps, l'on perd un poids d'eau que l'on récupère en buvant...

La perte, non pas de poids d'eau mais de surcharge pondérale, de graisse, nécessite parallèlement, une hygiène de vie, des règles de conduite, une diététique appropriée...

La santé par le sport : y croyez-vous ?

Professeur Claude Bensch : Sinon je ne serais pas ici... Le sport, c'est un "outil" de santé. J'aime bien ce mot : outil qu'il faut savoir **utiliser**. Un médecin du tennis français parlait à juste titre de prescrire une **"ordonnance de sport"**.

Le sport doit exister non pour détériorer la santé mais pour l'améliorer. Je suis "horrifié" par le nombre croissant de tendinites, de fractures, d'accidents... L'aérobic devant sa télé, sans préparation c'était aussi, vraiment, "n'importe quoi". Il faut lutter ensemble contre la pathologie du sport. Quand on provoque une pathologie par le sport, c'est qu'il y a eu — c'est indéniable ! — erreur ou faute.

Les grands sportifs qui, sont des gens très intelligents, le savent. Ils décèlent immédiatement l'erreur qui va provoquer une douleur, une lésion, "quelque chose" et mettent en œuvre les modifications et adaptations nécessaires, pour rétablir un état d'équilibre.

Un dernier conseil : Méfiez-vous des magiciens du sport. Il n'y a pas de miracle ... il n'y a que du travail. Le plus difficile de tous : contre soi-même

Professeur, je ne sais pas si je suis une grande sportive mais, d'après ce que vous dites, je dois être très intelligente. Je ne pratique pas le sport en dépit du bon sens et je me fais suivre régulièrement... Alors ?

Professeur Claude Bensch : Bravo !

Crédit photo : Joël Brun

Le sport c'est **un outil**

"Ô Toison moutonnant jusque sur l'encolure !
Ô boucles ! Ô parfum chargé de nonchaloir !
Extase ! Pour peupler ce soir l'alcôve obscure
Des souvenirs dormant dans cette chevelure,
Je le veux agiter dans l'air comme un mouchoir !
La langoureuse Asie et la brûlante Afrique,
Tout un monde lointain, absent, presque défunt,
Vit dans tes profondeurs, forêt aromatique !
Comme tant d'autres esprits voguent sur la musique,
Le mien, ô mon amour ! nage sur ton parfum."

Baudelaire.

Crédit photo : Jean-Paul Bouck

Question(s) de forme et de beauté

Nos cheveux nous racontent et nous imaginent…
…N'est-ce pas Jacques Dessange ?

Charles
de chez Jacques Dessange

Je porte une robe de "Lolita Lempika"

Crédit photo : DR

Question(s) de forme et de beauté

Chez Jacques Dessange, coiffeur

- Jacques Dessange, est-ce qu'un coiffeur éprouve davantage de plaisir à coiffer un mannequin, voire une actrice, plutôt qu'une cliente, entre guillemets, "ordinaire" ?

Jacques Dessange : Pour nous, chaque femme est une star. Mais il s'avère qu'un mannequin peut se prêter à des créations plus originales qu'une femme dont le métier ne consiste pas à *"se montrer"*.

Quand une actrice s'installe dans notre fauteuil, chercher la coiffure qui révélera le mieux son rôle est une approche passionnante.

La beauté nous offre davantage de possibilités ou d'opportunités créatives mais **rendre une femme encore plus belle** participe de notre art. Voici la véritable prestidigitation de la coiffure, c'est-à-dire du coiffeur.

La chevelure revêt toute une symbolique. Elle exprime la force, la sensualité, la séduction ...

- Vous pensez vraiment que la chevelure ajoute au caractère et souligne la personnalité ?

Jacques Dessange : Depuis la nuit des temps, c'est un mythe. C'est la parure du visage. C'est ce que l'on voit en premier chez une femme. Ne dit-on pas systématiquement pour la désigner, ou commencer de la décrire, — une blonde —, — une rousse —, — une brune— ?

- N'est-ce pas superficiel ? Artificiel ?

Jacques Dessange : Pas du tout. Les cheveux révèlent notre état psychologique. Le slogan publicitaire de Jacques Dessange : "Jacques Dessange recoiffe le moral" demeure tout à fait significatif à cet égard.

Un psychologue dispense des cours à l'école de formation de Jacques Dessange.

- Et les hommes ... Croyez-vous qu'ils se montrent encore sensibles, à notre époque, au charme sensuel d'une chevelure ?

Jacques Dessange : Le rapport sensuel s'avère évident. La magie des blondes a été créée par les hommes : difficile, en effet, d'imaginer Eve avec la coiffure de Jeanne d'Arc !

- Avez-vous l'impression de participer à mon image, à l'image de Vanessa Demouy ?

Jacques Dessange : Bien sûr, dans la mesure où sa chevelure tient une place de choix dans tout l'ensemble de la séduction qui est la vôtre — lui faire un chignon, par exemple, est une valeur ajoutée, tout en la soulignant, à sa beauté naturelle ...

Mais en prenant garde de conserver son caractère, sa personnalité : donc, en laissant des mèches rebelles, en **évitant un chignon strict**.

- Vous pensez vraiment que la nature de la relation que l'on entretient avec son coiffeur rentre en ligne de compte...

Jacques Dessange : Oui ... Parfaitement et vous me feriez de la peine en affirmant le contraire. Le coiffeur doit apprendre à devancer, à deviner les désirs de chaque femme, même s'ils ne sont pas clairement exprimés (surtout s'ils ne le sont pas).

D'autre part, le rapport avec son coiffeur reste un rapport "tactile". La moindre "allergie" psychologique, la moindre répulsion deviendrait vite fâcheusement insupportables.

Cette confiance doit exister afin que s'établisse un juste équilibre entre l'image qu'une femme se fait d'elle à travers son miroir et l'image que les autres reçoivent.

Un autre coiffeur, **Michel Perrot,** le coiffeur qui me suit sur tous les tournages et qui m'a comblée, le jour où j'ai fêté mon anniversaire chez Castel, mérite également que je lui adresse mon salut très affectueux, du "coeur" de ce livre ...

Crédit photo : Johann Chevalier

Crédit photo : Jean Paul Bouck

Ma dernière couverture
Décembre 1994

A 10 ans,
Je me voyais déjà en haut de l'affiche !
Crédit photo : Papa

Crédit photo: Jean Claude Marouzé

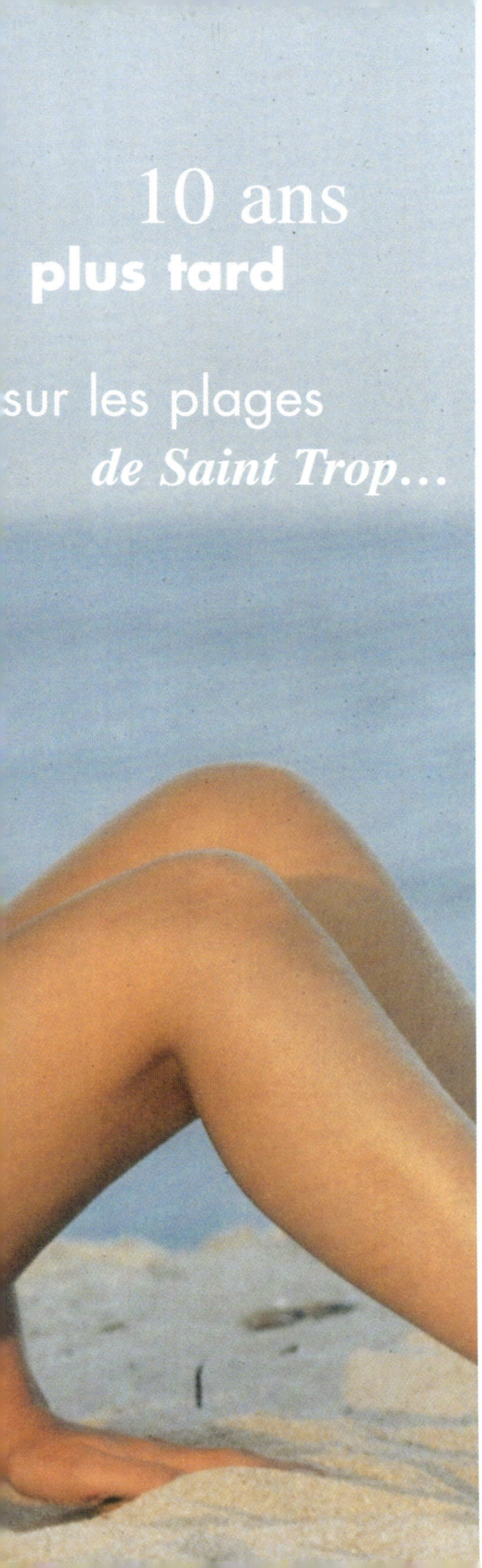
10 ans
plus tard
sur les plages
de Saint Trop...

Crédit photo : André Perlstein pour Livia - Jean Luc Droux pour Janine Robin

Question(s) de forme et de beauté

Chez Georges Debresne, mon kiné d'oncle.

A l'enseigne "Corps et Beauté", mon oncle ouvre ses portes sur un lieu pas comme les autres, où se croisent, en peignoir, les vedettes de la littérature, de la Télévision, du spectacle, Monsieur et Madame Toulemonde — qui n'ont pas un fils... — et moi, soucieuse de ma ligne et de ma forme.

Vanessa Demouy : *J'adore la relaxation par les soins et par les massages... Mais, explique-leur ce que tu nous proposes...*

"Corps et Beauté"

Georges Debresne : Très simple, essentiellement trois choses :

la balnéothérapie pour dilater la peau,

les sudations,

la stimulation musculaire.

Nous ne prétendons pas remplacer ici les médecins. Nos interventions, localisées, consistent à tonifier, à raffermir les tissus, à pratiquer le remusculation du ventre et des cuisses par électrothérapie. Ce qui ne signifie pas : "Arrêtons l'exercice. A bas le sport". Le kiné que je suis ne fait pas profession de charlatanisme. Vous êtes là pour vous reposer, pour vous soulager, physiquement et moralement, pour vous détendre en chassant le mauvais stress.

La balnéothérapie, la sudation localisée, les massages dits profonds contre la cellulite, les drainages décongestionnants, tout celà

métamorphoses

Crédit photo : Jean-Paul Bouck

Changer de Visage

. . .

Crédit photo : Jean-Paul Bouck

Crédit photo : Sammy Georges

participe à votre "mieux-vivre dans votre peau", sans envier celle des autres.

Je ne parle pas pour toi, Vanessa. Mieux vivre dans sa peau c'est mieux s'accepter, c'est aussi la garantie de mieux réussir dans nos relations avec autrui.

Nous n'accomplissons aucun miracle mais certains résultats se révèlent intéressants, notamment pour ce qui concerne "l'avachissement" du corps.

Je pratique évidemment mon métier de kiné proprement dit sans dissocier la partie thérapeutique, la "remise en place" — classique, articulaire — de la remise en forme globale.

J'aime que l'on sorte de chez moi, de manière volontaire, en se sentant plus fort et plus beau.

Lorsque tu promèneras une triste mine et que les projecteurs t'auront exténuée, reviens me voir, ma chérie ...

Quels conseils aimerais-tu donner aux filles qui rêvent de me ressembler, de se retrouver à ma place ?

Georges Debresne : J'allais répondre qu'elles restent à la leur ...

Non, je crois qu'il faut "vivre avec soi", tout court... Ne pas chercher à marcher sur les traces des autres.

Vivre avec soi c'est d'abord prendre soin de soi, c'est entretenir sa peau, ne jamais la laisser se piquer de comédons, l'aérer par la vapeur ou la balnéothérapie, lui garder son teint.

C'est également garder le temps de s'occuper de son corps, de le modeler avec persévérance en le traitant avec des produits appropriés, en le livrant à cette gymnastique passive salutaire que permettent les nouvelles techniques de stimulation.

Ne rêvez point. A chaque jour suffit sa peine... et son tour de taille. Les Vénus et les Adonis ne peuvent se faire — ou se refaire- en un jour mais, avec l'activité physique et les séances de soins, au coeur des bulles, laissez-vous aller avec bonheur et volupté.

Sur cette photo
je suis coiffée par Charles de chez Jacques Dessange

"Les hauts talons luttaient avec les longues jupes,
En sorte que, selon le terrain et le vent,
Parfois luisaient des bas de jambe trop souvent
Interceptés ! .. et nous aimions ce jeu de dupes."

Verlaine

Crédit photo : D.R.

Question(s) de mode

Mon amie, Lolita Lempicka, sait bien qu'une femme doit toujours en cacher une autre ...

Vanessa Demouy : *Vous m'habillez. Vous habillez les "Lolita" ... Définition.*

Lolita Lempicka : J'habille les femmes qui ont un air de Lolita, des femmes très féminines, un peu vamps et sages à la fois. Elles peuvent, comme vous, Vanessa, porter des nattes afin de rendre leur style plus juvénile.

Existe-t-il vraiment une mode pour les jeunes ?

Lolita Lempicka : Cette mode existe mais je trouve que les jeunes "font" leur propre mode et préfèrent s'habiller aux Puces en réalisant des mélanges. Je les trouve plus créatifs que les modes. Je pense qu'ils sont dissuadés par les prix. La mode des créateurs leur plaît...
... Mais c'est trop cher !

La taille mannequin, pour vous, c'est quoi ?

Lolita Lempicka : C'est une fille plutôt longiligne, surtout de longues jambes avec de la poitrine et des fesses rondes.

Croyez-vous qu'un mannequin puisse être Mademoiselle "Tout-le-monde" ?

Lolita Lempicka : Avant d'être mannequin oui... mais, par sa taille et surtout son visage et son style, elle se fera vite remarquer par un booker...

A quels signes voyez-vous qu'un mannequin va faire une grande carrière ?

Lolita Lempicka : Quand son visage et son style correspondent à la beauté vraiment actuelle.

En ce moment la tendance est aux très jeunes filles au visage enfantin, très Lolita, même si elles ne sont pas grandes — moins d'un mètre soixante-treize, ex : Nina Brosh — ou bien encore aux visages ayant du caractère — exemple : Chrystèle, car elle lancera sans doute un nouveau style.

Est-ce qu'un mannequin peut être sympa. La notion de "sympathie" concerne-t-elle une mode, un vêtement ?

Lolita Lempicka : Sympathie me semble un joli mot. Un mannequin, gracieux et souriant, peut être sympathique et rendre, de ce fait, sa tenue séduisante... Mais dire qu'un vêtement est "sympa", cela m'agace et je trouve cela très subjectif.

Quels sont, en cinq points,

les caractéristiques de votre ligne ... Ou plutôt ses traits de caractère?

Lolita Lempicka :
Féminine,
Raffinée : des matières recherchées, le souci du détail — broderies, boutons, dentelle, ...—
Sensuelle : **des formes qui mettent en valeur ce que les femmes ont de plus joli** ;
Romantique : expressions de la nostalgie de certaines époques, retravaillées à ma façon.
Anticonformiste : tout ce mélange masculin-féminin, sec et fluide.

Se vêtir, c'est important pour le moral. Parlez-nous des modes flatteuses...

Lolita Lempicka : Un vêtement peut faire sur vous des miracles à la condition de bien vous connaître vous-même et de choisir des tenues qui vous mettent en valeur sans écraser votre personnalité. Par exemple, remplacer les pantalons par une robe très féminine ou porter une tenue romantique à la place de votre sempiternel tailleur...

Comment un vêtement seyant peut-il souligner une taille mannequin ? Comment peut-il nous la prêter si nous ne l'avons plus ou pas ?

Lolita Lempicka : Dans les modes pour les femmes, il y a, de nos jours, un grand choix et cette liberté de se vêtir en ayant le même style qu'une gravure de mode. Chaque femme connaît ses petits défauts et pourra choisir ce qui lui correspond : par exemple, si l'on n'a pas des jambes parfaites, on peut porter des pantalons larges ou "cigarettes" ... ou bien choisir une robe — une jupe — longue et fluide ...

"...Pupille absente
Absinthe baby doll
Ecoute ses idoles
Jimmy Hendrix Elvis
Presley T-Rex Alice
Cooper Lou Reed
les Rolling Stones
elle en est folle
Là-dessus cette Narcisse
Se plonge avec délice
Dans la nuit bleu pétrole."

Serge Gainsbourg

"Mon" photographe
Frédéric Meylan

mise au point

Crédit photo : Frédéric Meylan

Reflet de soi

Vanessa Demouy : *Il n'est pas facile de restituer un personnage à travers une photo mais encore plus difficile, sans doute, de témoigner d'une personne ... Qu'en penses-tu ?*

Frédéric Meylan : Tout se passe dans la relation photographe/modèle. Il faut que le courant passe. Avant d'être un travail, **la photographie s'impose comme une passion que l'on doit communiquer à son mannequin**.

Donner le meilleur *d'un mannequin : quel boulot pour un photographe...*

Frédéric Meylan : Tu le sais, Vanessa, 80% de ce travail est un travail de préparation, de mise en confiance du mannequin, de vérification de son "look" — maquillage, coiffure, stylisme — ... Après, le photographe doit lui offrir **le plus bel éclairage** et le mettre en scène avec talent.

Ce que tu fais se révélera très important pour toi, pour ton magazine, pour l'annonceur mais davantage encore pour le modèle que tu vas enfermer dans une image de lui-même ...

Frédéric Meylan : C'est important à tous les niveaux mais il est vrai que, dans cette association, seul le modèle montrera sa tête et sera donc le premier véritablement **exposé** pour le meilleur... et, malheureusement pour le pire. C'est pourquoi, de plus en plus, les tops models célèbres choisissent leurs photographes pour éviter toute mauvaise *surprise*.

L'image de soi, le reflet de soi, tu saurais sûrement nous en parler des heures durant... non ?

Frédéric Meylan : Des heures, peut-être pas... Mais il est vrai que l'image du mannequin s'avère primordiale dès le début de sa carrière. A cause de son jeune âge, il manque d'expérience et de connaissance du métier. Cela concerne surtout les agences qui les "driveront"...

Le mannequin n'existe pas sans son photographe. Comment ce couple fonctionne-t-il ?

Frédéric Meylan : Comme dans un couple : des hauts et des bas mais aussi des moments de bonheur intense.

Une photo peut-elle transformer une femme et la rendre belle ?

Frédéric Meylan : Bien sûr : dans la grande majorité des cas, surtout chez les mannequins qui dépendent plus de leur photographe que de leur beauté naturelle.

La quête d'une meilleure image peut-elle nous aider, soit à conserver notre ligne, soit à maigrir ?

Frédéric Meylan : Dans bien des cas, oui car une image est un résultat, la preuve concrète d'un certain bien-être ou, carrément à l'inverse, d'un excès flagrant — j'allais dire d'un "flagrant délit" — de poids ...

Les photographes endossent toute la responsabilité d'une image de marque ... Vous êtes les acteurs de la mode, vous, avant même les couturiers...

Frédéric Meylan : Tu vas un peu loin, Vanessa, car ce sont les couturiers qui font la mode. Nous nous contentons de la mettre en image(s). Un vêtement "ringard" et laid, même bien photographié, sera toujours ringard et laid. Nous sommes, en fait, le prolongement de l'esprit du couturier, son metteur en scène.

Les jeunes, notamment les fans — en l'occurrence les miens — , se montrent-ils, d'après toi, sensibles à toutes les photographies ?

Frédéric Meylan : Une photo c'est comme une interview et quelquefois plus important car bien des personnes ne prennent pas le temps de lire et jugent parfois trop rapidement une vedette par rapport au style de la photo... d'où l'importance de ne jamais tomber dans la vulgarité, d'essayer de "coller" le plus possible à la personnalité de la star...

Crédit photo : Jean-Jacques Bugat

RUPTURE D'UN MYTHE

Copie conforme et modèle réduit, notre french Lolobrigida version baby, l'innocence et le charme d'une lolita mannequin aux formes révélatrices. A droite Vanessa porte un bustier (capucine Puccari) balconné en coton chocolat au lait idéal sur une peau bronzée. A gauche, notre Baby-Doll porte une ravissante brassière bleue marine à pois (Yorken and Cool) et chapeau (Pepina). Coiffée et mise en beauté par Félix pour Stendhal, stylisme Pétra Bohne, photo Iris Brosch.

45

Crédit photo : Iris Brosch

Version Baby

Ingénue
Credit photo : Fréderic Meylan

Crédit photo : Frédéric Meylan

Il faut savoir se *taire* **et** *rire*
quand on a envie de *pleurer*

FEMME
ENFANT

L'HEUREUSE RENCONTRE DU JEAN ET DE LA PEAU
"UNE HISTOIRE D'AMOUR"

DES DESSOUS DE
REVE

E

TERRE

S
TARS CE S OIR

LA SÉDUCTION RETROUVÉE

BEAUTÉ
VOYAGE
AU CŒUR DES CRÈMES

Crédit photo : Bruno Fabbris

Mincir sur Mesure
Kinésithérapeute de formation, depuis 30 ans Georges Debresne s'ingénie à modeler notre silhouette. Dans son institut « Corps et beauté » il a mis au point trois solutions minceur bien spécifiques.

lingerie
Il bianco della tradizione. Il pizzo, sempre così seducente. Una linea incantevole, assolutamente sofisticata
Chic in pizzo

A CUERPO

Il fascino del bianco, il pizzo glamour. Scollature provocanti...

CON LA FORMA
CUERPO

Rendez-vous
à St-Moritz
e cuir
tretch
La vague fluo
Amusant

Tour
de taille 58

Crédit photo : Johann Chevalier

Voici, les petits secrets
de ma balance pour avoir la taille mannequin…

Entre nous

Signes particuliers :

Gourmande

J'ai même tendance
à prendre des kilos
en m'adonnant à mon péché mignon

Crédit photo : Carole Morgan

Crédit photo : Gianpaolo Vimercati pour Photo Magazine

Coquine... *Moi* **?**

J'affectionne les crèmes au chocolat de ma grand-mère, les pâtisseries de chez Angelina, les crèmes brûlées de chez Higgins...

Sans vouloir rivaliser avec Bernard Loiseau, je collectionne les recettes de gâteaux depuis des années.

Je réussis d'ailleurs trés bien la tarte aux poires et au chocolat, les clafoutis, les crêpes et les babas au rhum.

Je suis gourmande mais j'équilibre mes repas et je me "dépense" sans compter.

Ma diététique à moi consiste à manger:

- des grillades - crudités

- du poisson vapeur - légumes

- du fromage blanc (0 % à 10 % de matières grasses).

Au petit-déjeuner : jus d'orange ou de pamplemousse (fruits frais pressés), céréales et lait demi-écrémé.

Je ne saute jamais un repas et j'évite de grignoter tout au long de la journée.

J'ai suffisamment de volonté pour supprimer les sucres.

Le soir, je dîne toujours trés légèrement. Parce qu'il m'arrive fréquemment d'aller au restaurant, je privilégie la cuisine japonaise, indienne ou chinoise :

Crédit photo : Jean-Paul Bouck

Crédit photo : Iris Brosch

J'adore,
accompagnés de riz blanc :

- les sushis

- les sashimis

- le poisson cru.

Comme je vous l'ai déjà dit, à l'âge de 15 ans, j'ai vécu plusieurs mois à Tokyo pour exercer mon métier.

J'occupais, avec un autre mannequin, un petit appartement dans un quartier trés vivant et trés sympathique, "Roppingi".

Je prenais le métro "Hibiya-Line" et les petits restaurants typiques m'ont permis de connaître puis d'aimer la cuisine asiatique et la cuisine exotique en général.

Crédit photo : DR

Ma carrière de mannequin m'a fait "boucler" le tour du monde : Miami, Los Angeles, Madrid, Londres, les îles Seychelles, Saint-Domingue, les Caraïbes, l'Afrique du sud, etc...

Un jour, une agence italienne m'a demandé de venir à Milan pour les magazines "Anna" et "Amica"...

Je partageais mon logement avec une américaine, un jeune mannequin "Nancy" et le soir mon agence organisait des dîners.

Il faut que je vous l'avoue : j'ado-

ブルゾン・カタログ

縞（ボーダー）のニット合わせて、元気に粋に着る。

写真・福田衛陽　スタイリスト・大橋利枝子　ヘア&メーク・大平忠明（モッズ・ヘア）　モデル・ヴァネッサ

Globe-trotter
à Tokyo

映画『ぼくの伯父さん』が服のテーマ。
と言えば、ブランド名は？
そう！『Docee（ドシー）』だよね。

ブルゾン¥27,800　ハイネックセーター¥12,800　パンツ¥16,800　ボーダーソックス¥1,500（以上Docee）

03・495・2317　Fin☎03・409・5489

Séance photo
en studio
Vêtements
Jean-Paul Gaultier
Crédit photo : Carole Morgan

re aussi la cuisine italienne. Je ne peux pas tenir une semaine sans manger des pâtes mais je me limite à un bon plat de spaghetti.

Là-bas, lors des prises de vue dans les studios photos, les clients ont tendance à nous "gaver" de pizzas. "BONJOUR LES KILOS"

Moi qui adore les petits "bodys moulants", j'ai toujours à portée de la main, ma bouteille d'eau minérale.

Je ne bois jamais d'alcool. Je me saoule au Tropicana.

Je m'affiche sur les murs de Paris dans la lingerie malicieuse d'Aubade : je prête mon corps à Livia, Rasurel et Jeanine Robin, sur les plages où luit le soleil des étés sans fin.

J'asperge, durant des mois de télévision, mon visage à l'eau "Christaline" et je termine, badigeonnée de la tête aux pieds, de crème svelte Christian Dior, dans un spot tourné, trêve de circonstances, à Londres.

Crédit photo : DR

Ce qui me sauve : le sport

J'arrive toujours à trouver quelques heures par semaine malgré mon emploi du temps, très chargé, pour faire des exercices.

Je choisis des programmes adaptés, en salle de sport, avec les conseils d'un professeur.

Mes exercices de musculation : les abdo-fessiers (c'est idéal pour avoir le ventre plat et les fesses bien fermes).

Mon entraînement contre les calories : le step (attention : ce programme suppose une visite médicale préalable. Il en va de la sorte pour le cardio-training que je pratique assidûment).

Durant les vacances, je nage, je fais du canoë-cayak, je m'exerce au trampolino, je revis les joies de l'équitation...

J'aime trop mon métier pour m'abandonner à mes faiblesses...

Crédit photo : DR

Prise de vue pour des bijoux

...et puis, je suis femme, du teint de ma peau jusqu'au bout des ongles.

J'utilise fréquemment une crème hydratante, ainsi qu'une crème de jour contre les visages brouillés des lendemains de tournage.

Lorsque je ne travaille pas, je reste nature, sans maquillage.
Par contre, après les séances de photos, je n'omets pas de me démaquiller... c'est important...

Oui, c'est un très beau métier. Mais ce métier a quelque chose d'impitoyable. Suivez le guide :

On doit toujours être belle, exprimer la grâce, montrer "le visage du bonheur" et, pour cela, se surveiller, observer en permanence des règles d'existence sévères, sans manifester d'état d'âme.

"On doit faire rêver".

Beaucoup de mes copines mannequins craquent, pleurent. Elles sont obsédées par leur apparence physique.

Elles doutent de leurs capacités, elles "se vengent", fréquemment sur les sucreries afin d'essayer d'oublier les rigueurs d'un milieu dur et superficiel.

Même les filles frêles, graciles qui devraient s'estimer satisfaites de leur silhouette, peuvent se découvrir un trés beau matin victimes de capitons et de cellulite.

Aprés l'hiver, c'est souvent le désastre.

Quand il fait froid, on se laisse aller, on mange un peu plus, on fait moins d'exercice.

Pour moi ce serait la retraite assurée ! Dans notre profession, quelques kilos en trop ne pardonnent pas.

Le charme **marin**

Crédit photo : Johann Chevalier

Je reçois beaucoup de lettres de jeunes filles qui pensent être trop grosses et rêvent d'avoir "la taille mannequin"

N'ayez pas de complexes !

La plupart des mannequins ne se trouvent pas forcément parfaits.

Mais, bien maquillées, bien coiffées, les photographes savent nous rendre belle.

Ne pensez pas que je me trouve jolie.

Moi aussi, j'ai des complexes.

Je me trouve trop petite.

Du reste, "vous me verrez très rarement en chaussures plates".

Dans ce monde peuplé de "géantes" heureusement que mon agence m'a fait confiance à mes débuts.

Misez sur le naturel

Crédit photo : DR

"Kate Moss" n'existait pas. Sur les castings, il m'arrivait d'être en compétition avec des filles d'un mètre quatre-vingt.

J'ai su me faire remarquer.

Cela n'a pas été facile.

J'étais souvent découragée quand les rédactrices ne voulaient pas de moi de peur de me voir noyée dans les vêtements ou quand les photographes me disaient :

"Tu es superbe ma chérie, tu pourrais être un TOP, il ne te manque que quelques centimètres".

Cette phrase me hante encore. "Je pense avoir pris ma revanche depuis...car je ne suis pas du genre à me décourager au premier échec, "je suis Bélier..."

Quand j'avais 15 ans, j'avais un visage d'adolescente rebelle et ma poitrine me donnait aussi des complexes.

Avec un "90C", je cachais sans cesse mes seins, ma mère répétait alors : tiens-toi droite !

A Tokyo, les japonnais se moquaient de ce mannequin de 15 ans haut comme trois pommes arborant une poitrine de Diva :

Il est vrai que les nipponnes sont plutôt plates !!

Ce boulot requiert une sacrée force de caractère, une indéniable santé physique et psychique.

"Il faut vraiment en vouloir pour réussir"

Il n'est pas uniquement réservé, contrairement à ce que l'on pourrait croire, à des filles parfaites, aux proportions idéales quasi mythiques.

Un mannequin bien éclairé, bien photographié, saura tirer parti de ses formes et d'un charme pulpeux.

Crédit photo : DR

Crédit photo : Jean-Jacques Bugat

Regardez, mes cheveux ne me plaisent pas... Je les trouve trop fins et trop raides.

J'aimerais avoir de grands yeux verts mais des origines indiennes et slaves m'ont légué des yeux noirs en amande.

De toutes façons, les plus belles se montrent généralement insatisfaites.

Ne pensez pas que je regrette d'avoir choisi ce métier. Je l'aime et je continuerai de l'aimer. Cependant, je le quitterai avant qu'il ne me quitte.

Il nous faut certes supporter quelquefois des répétitions et des situations pénibles qui semblent durer toute une éternité.

Je me souviens notamment d'un tournage à Barcelone, pour une marque de "beurre allégé", qui m'a contrainte, pendant quatre jours, à ingurgiter des tonnes et des tonnes de tartines.

Ne pleurez pas, je me retrouve célèbre et je gagne plus que correctement ma vie. Mais il est vrai qu'un mannequin n'a de capital que son physique. Il n'existe en quelque sorte, que sur du papier glacé.
L'important, c'est qu'il existe, c'est que vous existiez avec votre désir de vous accrocher à l'image que vous donnerez de vous.

Seule la photo rendra compte de cette perfection vers laquelle vous tendrez.

Alors, pensez à la réussite. Imaginez-la sans complexe, même si vous vous trouvez trop grosse ou trop petite.

Il n'y a pas de critère de la beauté, pas de taille mannequin vraiment idéale.

Imaginez : vous serez demain l'élue d'un magazine ou d'un photographe, lequel mettra en valeur le meilleur de votre personnalité, ce "je-ne-sais-quoi" qui représentera le produit avec brio.

Rêvez, car vous vendrez du rêve. Mais travaillez aussi, "prenez de la peine". Songez que la perfection ne constitue pas un acquis, qu'elle se recherche, s'apprivoise et se cultive.

Apprêtez-vous à supporter les exigences des clients, les jalousies, les critiques, les coups de gueule, les attentes dans les aéro-

Photo
extraite de mon dernier clip !
Devinez ?
Crédit photo : Sébastien Cailleux

ports, les valises faites, défaites et refaites, les rivales et les échecs, les décalages horaires et les rendez-vous manqués.

Quand j'ai débuté comme mannequin, j'ai beaucoup souffert des critiques, j'ai du me taire alors que je mourais d'envie de crier mon désarroi, de pleurer au lieu de sourire.

Depuis, je me sens plus à l'aise, moins agressée.

J'ai d'ailleurs mesuré mon succés cet été, quand j'ai surpris des paparazzis, perchés sur le toit d'une villa voisine, au risque de tomber, dans le simple but de me "voler" un cliché.

J'ai débusqué, de la même manière, un autre jour, un jeune homme, armé d'un appareil photo, qui me "filait" depuis des mois.

Je lis souvent dans la presse "la petite qui monte, qui monte...", mais je ne veux pas redescendre aussi vite. Je dois me protéger afin de continuer, continuer d'exister.

Inattendue

Crédit photo : Iris Brosch

Un jour viendra, vous devez y croire.

Pour le reste, les diététiciens et les professionnels vous aideront.

Un dernier conseil avant la fin du bouquin, mais pas le der des der, puisque nous allons nous revoir.

Crédit photo : Jean-Jacques Bugat

A 17 ans

Pour réussir, trois atouts, à coeur :

- Une vie stable,
- Une hygiène de vie,
- L'amour de la vie !

- Et le quatrième, à trèfle :

La chance !

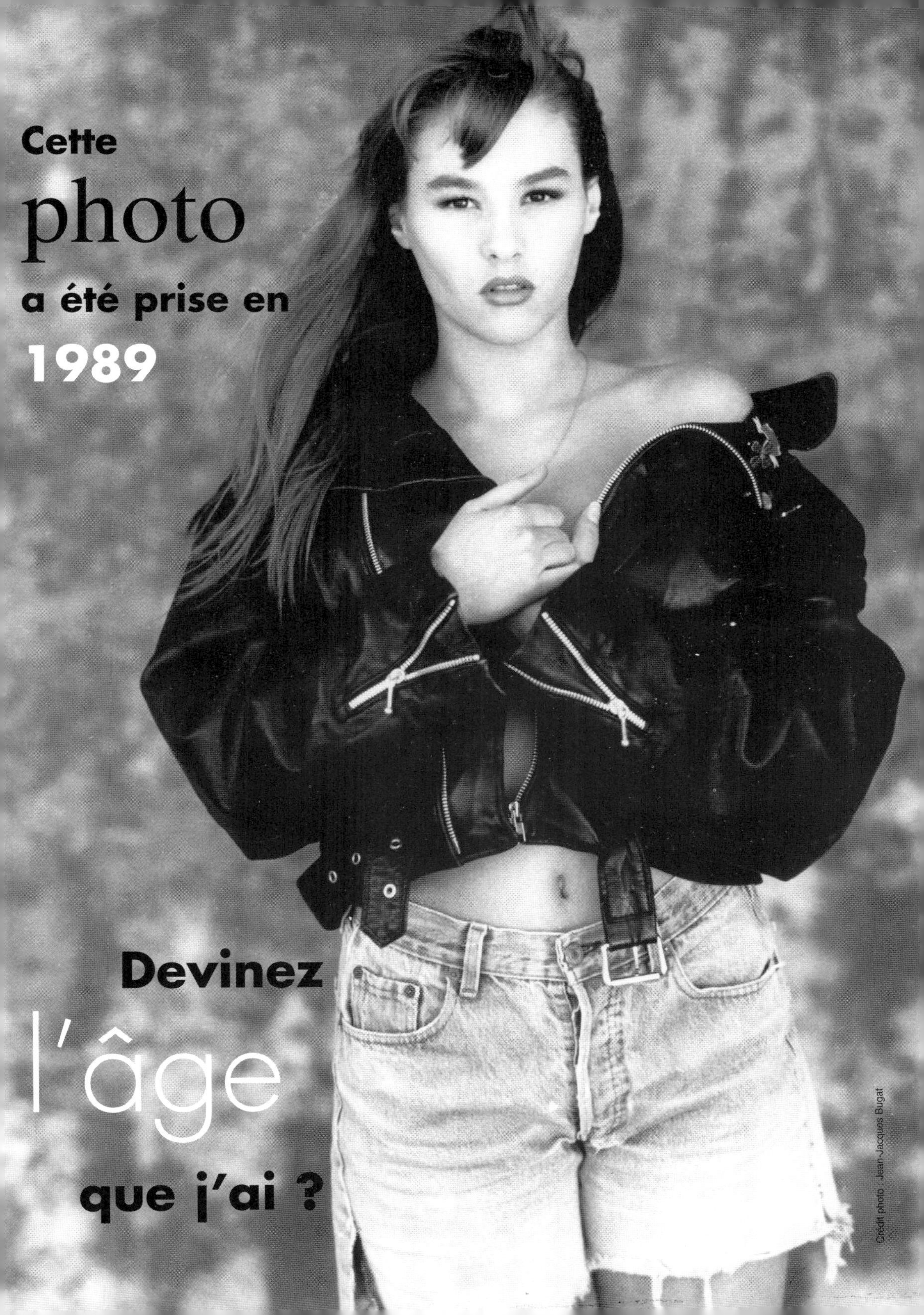

Credit photo : Jean-Jacques Bugat

Crédit photo : Patrick Julien/ Catalogue Renoma

Crédit photo : Patrick Jullien/Catalogue Renoma

JITROIS

Reflets de cuir

Vanessa Demouy porte un pantalon en cuir stretch noir avec un 3/4 "Taormina" en agneau plongé glacé noir sur un gilet "Delhi" en python marron mat.

JEAN-CLAUDE JITROIS
25 & 38, FAUBOURG SAINT-HONORE
PARIS
TÉL.: 47 42 60 09

Swing pour cuir et plumes

Mise en beauté de Vanessa dans une robe "Géraldine" en cuir stretch et organza.

Voyage aux Caraïbes

Crédit photo : Carole Morgan

— Tu viens, Katy ? Le book de Vanessa est plié... On va pouvoir prendre des vacances !"

Gérard Prévost

— Non, non, restez... Je ne supporte pas la photo de couverture ... Il faut la changer".

L'éditeur

Allô... Vanessa ?

C'est pour un casting ...

Passez-moi Katy...

A suivre ?

Crédit photo : Jean-Jacques Bugat

Prise de vue
réalisée à

Lausanne
en Suisse

A savourer dans un frais ensemble en broderie anglaise, porté sous une vaste chemise.

Dernier rêve

Ensemble Antinéa. Chemise Tous les Caleçons.
Bas Chantal Thomass.

Crédit photo : Dominique Derisbourg

Nous ne ferons jamais le tour de toutes les questions.

Crédit photo : Joël Brun/Magazine Belle

La vie ressemble décidément à ces manèges qui tournent sans arrêt dans nos souvenirs d'enfance.

Un tour, deux tours, trois tours de taille mannequin. Des milliers de tours encore...

J'en redemande !

Lorsque j'ai tourné pour Flodor à Houston, pour Clearasil, pour Pepsi-Cola, pour SEB, pour Sheba, pour Renault et dans les quatre coins de France, de Navarre, d'Europe, je me suis toujours revue devant une vieille armoire à glace, en train de me tordre les chevilles, telle Minnie Mouse, dans les chaussures à talons de ma mère, attifée pour jouer, marchant de guingois, une comédie sans suite et sans fin : magique éternité d'un étrange théâtre intérieur qui se réveille en moi dès que je retrouve un objectif, un podium, un miroir.

Crédit photo : Michel Natziger

Crédit photo : Jean-Paul Bouck

***Jouez** la* douceur

Crédit photo : Sammy Georges

A l'époque j'amusais ma grand-mère et je voyais sourire ma mère, de cette infinie tendresse à laquelle seul peut répondre un adulte... Parce qu'il sait.

J'ai mis longtemps à comprendre l'existence et désormais je fais semblant de ne pas la comprendre chaque fois que je veux vivre ma chance sans me poser le problème de ce qui m'arrivera dans un futur proche.

La Télé n'a pas la patience millénaire de la Grande Muraille de Chine et les contrats des mannequins font sans cesse l'objet d'une remise en cause, afin d'inciter les modèles à se dépasser pour dépasser les autres.

En l'instant, j'ai 21 ans, "mon" succès dont je suis

Crédit photo : Bernard Mouillon

Crédit photo : DR

Ma première publication

pour Jeune et Jolie

J'ai 16 ans

consciente, des fans qui m'aiment ; je nourris des projets.

Pas celui de me présenter aux Présidentielles mais ...

Quelque part dans le 93, des gamines commentent mes amours fictives en espérant que le prince charmant façon mannequin me prendra dans ses bras, juste le temps d'un baiser cathodique.

Alors, je réalise que je m'appelle Vanessa Demouy, que j'ai l'âge de tous les culots et de toutes les certitudes.

Je voudrais, pour terminer, vous raconter une histoire :

Il était une fois ...

L'une de mes dernières
photos préférées
du magazine **Femme**

Crédit photo : Juan Lastera

*e*xtrait

CLAP ! NAF NAF PREMIERE ! Peut-être un certain manque de concentration pour la première scène ! Elle, jean surteint en gabardine de coton et débardeur à côtes richelieu en coton. Lui, jean surteint en bâchette de coton, sur une chemise rayée en coton et blouson en bâchette de coton. Ceinture NAF NAF.

Crédit photo : Jean-Luc Droux

Magazine

Naf Naf

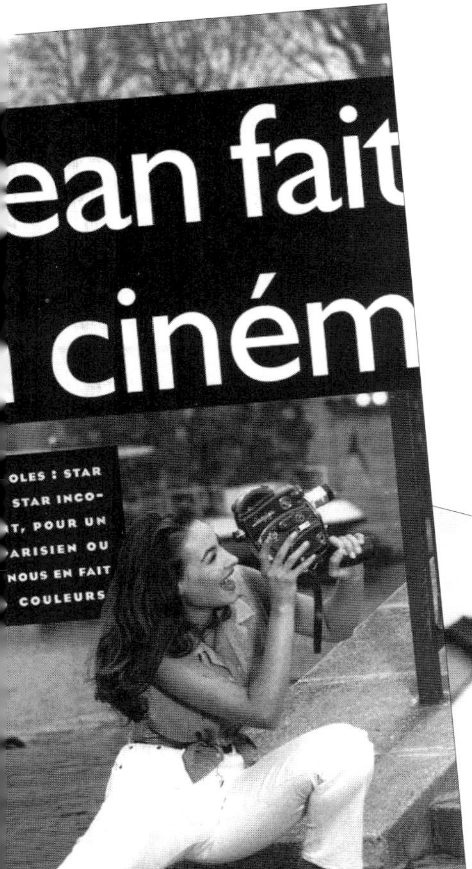

Credit photo Sammy georges

Crédit photo Sammy georges

Merci du fond du coeur

Aux photographes de presse, de mode et de publicité
qui m'ont permis de poser pour eux :

Pierre BERDOY, Jean-Paul BOUCK, Joël BRUN,
Iris BROSCH, Jean-Jacques BUGAT,
Johann CHEVALIER, Jean-Claude CUNY,
Sébastien CAILLEUX, Dominique DERISBOURG,
Jean-Luc DROUX, Bruno FABBRIS *(IMA)*,
Pierre GAYTE, Samy GEORGES,
Olivier GRIMONET, Patrick JULIEN,
Jacques LERAL, Juan LASTERA,
Frédéric MEYLAN *(SYGMA)*, **Carole MORGAN** *(MAXPP)*,
Jean-Claude MAROUZE *(OROP)*,
Michel MARIZI *(Télé 7 Jours)*, **Bernard MATUSSIERE,**
André PERLSTEIN, Pierre REINHART,
Alain ROSSIAN *(VSD)*, **Ricardo TINELLI,**
Gianpaolo VIMERCATI *(Photo Magazine)*, **Thierry XUEREB**.

A mes éditeurs et "Bons Amis",
à Jean-Christophe LEPINE,
à mon attaché de presse Christophe MILLANT
qui m'ont offert la possibilité de publier ce livre.

A mon agence, pour m'avoir toujours soutenue,

A mes parents, de m'avoir donné tant d'amour.

Table des matières

Achevé d'imprimé en Janvier 1995
Assistance technique et littéraire : Max Poty : Professeur d'Université, Consultant.
Correcteurs : Michelle Lecourt et Rémy Borel
Saisie : Françoise Lemétais (16) 56 55 17 77
Photocomposition/Création/Photogravure : Avalone (1) 42 38 07 38
Impression : IEH - Tél. 21 90 15 15
Dépôt légal : janvier 1995
ISBN 2-9508931-0-4